CONTEMPORARY GERMAN WRITERS

KERSTIN HENSEL

Series Editor

Rhys W. Williams has been Professor of German and Head of the German Department at University of Wales Swansea since 1984. He has published extensively on the literature of German Expressionism and on the post-war novel. He is Director of the Centre for Contemporary German Literature at University of Wales Swansea.

CONTEMPORARY GERMAN WRITERS

Series Editor: Rhys W. Williams

KERSTIN HENSEL

edited by

Beth Linklater
and
Birgit Dahlke

CARDIFF
UNIVERSITY OF WALES PRESS
2002

© The Contributors, 2002

British Library Cataloguing-in-Publication Data
A catalogue record for this book is available from the British Library.

ISBN   0–7083–1777–4 paperback
          0–7083–1778–2 hardback

Cover design by Olwen Fowler.
Printed in Great Britain by Dinefwr Press, Llandybïe.

Contents

List of Contributors

Antje Baumann is Lecturer in Linguistics at the Humboldt University Berlin and Associate Lecturer at the Technical University Berlin. She is assistant editor of *Mit sozialistischen und anderen Grüßen. Porträt einer untergegangenen Republik in Alltagstexten* (1995) and co-editor (with Ruth Reiher) of *Mit gespaltener Zunge? Die deutsche Sprache nach dem Fall der Mauer* (2000).

Johannes Birgfeld is Lecturer in Modern German Literature at the University of Bamberg. He is co-editor of *Romantische Liebe und Romantischer Tod* (2000). His main research interests are the literature of the eighteenth century, contemporary writing and the history of German drama. He is currently working on a study of images and ideas of war in German-speaking literature of the eighteenth century.

Birgit Dahlke is Assistant Professor at the Humboldt University Berlin. Her study *Papierboot. Autorinnen aus der DDR – inoffiziell publiziert* appeared in 1997. She is co-editor of *LiteraturGesellschaft DDR. Kanonkämpfe und ihre Geschichte(n)* (2000) and of *Zersammelt. Die inoffizielle Literaturszene der DDR nach 1990* (2001). Her main areas of interest include contemporary German literature, gender studies and constructions of masculinity in German literature and culture at the turn of the century. She was visiting academic at the Centre for Contemporary German Literature in Swansea in 2000.

Jennifer Ruth Hosek is a doctoral candidate in comparative literature at the University of California Berkeley. Her dissertation explores representations of Cuba in East and West German cultural production, particularly with regard to colonial and gender discourses.

Eva Kaufmann was Professor of German Literature for over thirty years, primarily at the Humboldt University Berlin. In the 1970s she worked largely on nineteenth- and twentieth-century literature and in the 1980s she turned her attention to women's writing. In the 1990s she edited the novels *Junge Frau von 1914* and *Erziehung vor Verdun* for the Arnold Zweig edition of the Aufbauverlag. She is the author of the volume *Herr im Hause. Prosa von Frauen zwischen Gründerzeit und erstem Weltkrieg* (1989) and *Aussichtsreiche Randfiguren* (2000), a collection of essays on East German women writers.

Beth Linklater is Lecturer in German at the University of Wales Swansea. She is the author of *'Und immer zügelloser wird die Lust':* *Constructions of Sexuality in East German Literatures* (1998), and co-editor (with Mererid Puw Davies and Gisela Shaw) of *Autobiography by Women in German* (2000). She has also published on GDR history and historiography and women's writing. She is currently working on humour in contemporary women's writing.

Lyn Marven is Lecturer in German at New College, Oxford. She has recently completed her thesis on Herta Müller, Libuse Moníková and Kerstin Hensel, and has published on Moníková and Morgner.

Mererid Puw Davies is Lecturer in German at University College London. She is the author of *The Tale of Bluebird in German Literature from the Eighteenth Century to the Present* (2001), and co-editor (with Beth Linklater and Gisela Shaw) of *Autobiography by Women in German* (2000). She has published further on myth, 'Märchen' and history in German literature, and is currently working on the theme of representation in and around 1968.

Gerhard Rothbauer has been a Professor of German since the 1960s. From 1967 to 1987 he worked at the *Literaturinstitut Johannes R. Becher* in Leipzig. Since then he has worked in Graz, Dortmund und Bamberg. He has edited collections of poetry (Meyer, Hofmannsthal), prose (Georg Heym, Hofmannsthal, von Saar) and the anthology *Weltende. 33 Erzählungen von der Jahrhundertwende bis zum Beginn der faschistischen Diktatur* (1977).

Reinhild Steingröver is Assistant Professor of German at the Eastman School of Music in Rochester, N.Y. Her study *Einerseits und Andererseits, Essays zur Prosa Thomas Bernhards* appeared in 2001. Her main areas of interest include contemporary German and Austrian literature and culture, literary translation and interdisciplinary approaches to literature. She is co-editor of a forthcoming anthology on Afro-German history and culture.

Inge Stephan is Professor of Modern German Literature. Formerly in Hamburg, she has worked at the Humboldt University Berlin from 1994, where she co-ordinates the gender studies programme. Her present research concentrates on gender issues in the literary system. Her publications include: *Weiblichkeit und Tod in der Literatur* (1987), *Das Schicksal der begabten Frau* (1989), *Die Gründerinnen der Psychoanalyse* (1992), *Musen & Medusen. Mythos und Geschlecht in der Literatur des 20. Jahrhunderts* (1997) and *Genderstudien. Eine Einführung* (2000, mit Christina von Braun).

Preface

Contemporary German Writers

Each volume of the Contemporary German Writers series is devoted to an author who has spent a period as Visiting Writer at the Centre for Contemporary German Literature in the Department of German at the University of Wales Swansea. The first chapter in each volume contains an original, previously unpublished piece by the writer concerned; the second consists of a biographical sketch, outlining the main events of the author's life and setting the works in context, particularly for the non-specialist or general reader. A third chapter will, in each case, contain an interview with the author, normally conducted during the writer's stay in Swansea. Subsequent chapters will contain contributions by invited British, American and German academics and critics on aspects of the writer's œuvre. While each volume will seek to provide both an overview of the author and some detailed analysis of individual works, the nature of that critical engagement will inevitably depend on the relative importance of the author concerned and on the amount of critical material which his or her work has previously inspired. Each volume includes an extensive bibliography designed to fill any gaps or remedy deficiencies in existing bibliographies. The intention is to produce in each case a book which will serve both as an introduction to the writer concerned and as a resource for specialists in contemporary German literature.

Kerstin Hensel

The current volume is the result of a workshop held in Swansea on the occasion of Kerstin Hensel's period as writer-in-residence in the Centre for Contemporary German Literature in September 2000. The event was extraordinarily vibrant and productive, due not only to the contributions reproduced here and the discussions they encouraged, but also to the interesting and generous comments of the author herself. Suitably, then, the volume begins xii Preface

with an original poem written during Hensel's stay. Inspired by a visit to Rhossili Bay and an evening spent watching television, it is primarily humorous, yet – like her work in general – upon closer reading has much to say about our modern society. There follows a short prose piece written in 1995, which humorously introduces many of those themes familiar from Hensel's later writing, such as gender, sexuality and group behaviour. This text is referred to in the interview and by both Lyn Marven and Birgit Dahlke, and as such we are particularly pleased to have been able to publish it for the first time here.

After a brief biographical sketch and an interview with Hensel we begin with a detailed review of Hensel's literary debut *Stilleben mit Zukunft* (1988) by her teacher at the *Literaturinstitut Johannes R. Becher* in Leipzig, Gerhard Rothbauer. In an extremely close analysis of Hensel's language which focuses on her use of metaphor, he examines the relationship between the early poems and those of the maturing artist.

Turning to Hensel's prose, Lyn Marven's essay investigates the poetics of desire in the early story 'Herr Johannes' and in an essay and a poem on the same theme. She uses psychoanalysis to approach the text and its protagonist Don Juan and provides an original and thought-provoking response to Hensel's narrative techniques. Indeed, moving away from a GDR-based critique, many of our contributions focus on this aesthetic aspect of the author's *oeuvre*. Meredid Puw Davies considers the little-known adaptation of the Undine myth, *Ulriche und Kühleborn*, which was published in 1991 and, in the turbulence of that period, was not given the attention it deserved. She discovers a polemical and highly complex variation on one of the traditional motifs of femininity. Birgit Dahlke expands upon this discussion of gender in Hensel's writing. Her contribution focuses on the texts *Im Schlauch*, *Auditorium Panoptikum* and *Neunerlei* and shows how Hensel's work consistently plays with and subverts the categories of masculine and feminine. Gender is also one of the themes examined by Eva Kaufmann. She compares unpublished early writings with the texts they later inspired and discovers interesting continuities but also important breaks.

Hensel's best-known text to date is the much discussed *Wenderoman* entitled *Tanz am Kanal* (1994) and this is analysed by Reinhild Steingröver and Jennifer Ruth Hosek. Steingröver examines the relationship between story and history in this text and in the recently published novel *Gipshut* (1999). She too shows how Hensel develops differing narrative techniques, which function here in order to create a critical distance to the events on the larger political stage, including those of German reunification. Hosek also investigates narrative ambiguity, concentrating on writing and the body. Her interpretation of the rape scene in *Tanz am Kanal*, which looks at the 'facts' of the case as well as at how it is created and used by the author, caused heated debate during the workshop. Using recent postmodern theories as her starting point, Hosek considers how the text produces, and then questions, the narrator's identity as East German/female victim – interweaving issues of politics with those of gender. Antje Baumann's analysis of *Gipshut* concentrates on Hensel's varied constructions of the comic. She considers how the novel succeeds in creating another world, 'eine Gegenwelt', within the apparently fixed world of the novel.

With Johannes Birgfeld's contribution we turn our attention to Hensel's drama. All of her work for the theatre, from the first 'collage' *Ausflugszeit* (1984/1988) to the later plays *Grimma* (1995) and *Hyänen* (1999), is characterized by the view from 'below'. Hensel, Birgfeld argues, rejects mimetic reproduction of reality in favour of a reductive and exaggerated style which is more Brechtian. Finally, we would like to thank Inge Stephan and the editors of the journal *Die Horen* for the permission to publish the 'Laudatio zum Engelke-Preis' (1999), which offers a fitting conclusion to a book which, we hope, not only reflects the spirit of the workshop in Swansea, but also – and for the first time – the importance of Kerstin Hensel and of her work.

Editor's Note

With the exceptions of Kerstin Hensel's own contributions and the previously published 'Laudatio' by Inge Stephan, the German chapters of this volume have been edited according to the rules of the 1996 German spelling reform. Quotations and references preserve the spellings of the original source.

Abbreviations

Throughout the current volume, the quotations from primary texts by Kerstin Hensel, unless otherwise indicated, will be followed by one of the abbreviations listed below and the relevant page number(s) in parentheses. The editions referred to are those most widely available.

S   *Stilleben mit Zukunft* (Halle & Leipzig, Mitteldeutscher, 1986)

HJ   'Herr Johannes', *Sinn und Form*, 39/II (1987), 972–95

Az   *Ausflugszeit. Eine Collage, Theater der Zeit*, 43, 9 (1988), 61–4

H   *Hallimasch* (Halle & Leipzig, Mitteldeutscher, 1989)

C   *Catull. Ein Schauspiel* (Berlin, Autoren-Kollegium, 1989)

UK   *Ulriche und Kühleborn* (Leipzig, Reclam, 1991)

A   *Angestaut* (Halle & Leipzig, Mitteldeutscher, 1991)

Au   *Auditorium panopticum* (Halle & Leipzig, Mitteldeutscher, 1991)

IS   *Im Schlauch* (Frankfurt am Main, Suhrkamp, 1993)

D!   *Diana! Zeichnungen von Karla Woisnitza mit einem Gespräch von Elke Erb und Kerstin Hensel* (Berlin, KONTEXT, 1993)

TaK   *Tanz am Kanal* (Frankfurt am Main, Suhrkamp, 1994)

Gr   *Grimma. Komödie.* (Rom, Deutsche Akademie Villa Massimo, 1995) *Theater der Zeit*, 4 (1996)

N   *Neunerlei* (Leipzig, Gustav Kiepenheuer, 1997)

All   *Alles war so, alles war anders. Bilder aus der DDR.* Fotos von Thomas Billhardt (Leipzig, Gustav Kiepenheuer, 1999)

G   *Gipshut* (Leipzig, Gustav Kiepenheuer, 1999)

Hy   *Hyänen* (unpublished manuscript, Projekt Theater- und Medienverlag, Köln)

1

Das Licht von Zauche

KERSTIN HENSEL

In Zauche, einem Landstrich im Märkischen, wurden, bei zunehmenden Mond, die Frauen gefährlich. Es waren jene, die nur ungern ihre Dörfer verließen und in die Stadt gingen. Wenn sie doch einmal in der Stadt auftauchten, im Supermarkt, vor dem Kino oder in der Sparkasse, verfolgten sie die Männer dort mit hochmütigen Blicken, oder, was noch schlimmer war: sie sahen sie gar nicht, als ob es sie nicht gäbe. Nur eine dieser Frauen hatte selbst einen Mann. Die einbeinige Sylphe aus Borkheide war mit einem Schäfer vermählt, der, wie man munkelte, einen Dachschaden besäße und sie mit zwei gesunden Beinen gewiß verschmäht hätte. Die anderen Frauen hatten wohl den Versuch unternommen, einen Mann aus der Gegend zu finden, aber diese hatten sich mit den Dorfschönsten oder mit hübschen Mädchen aus der Stadt zusammengetan, oder sie waren mit den Ledigen auf irgendeine Weise verwandt. Oft saßen die Frauen beieinander. An den Küchentischen mischten sie ihre Karten, teilten und spielten sie aus. Sie reizten, stachen und übertrumpften einander in den Hoffnungen, das Glück zu finden. »Wir werden gewinnen«, sagten sie.

Es ergab sich, daß die einsamen Frauen von Zauche eines Abends in der Nähe des Lustigberges auf einer Wiese zusammentrafen. Sie hatten ihre Tagesgeschäfte erledigt und waren alle gekommen: die Dünnhaarige, die Großköpfige, die Zweimeterfrau aus Oberjünne, die Rotäugige, die Schiefzahnige, die Grauhäutige, die dicke Margit, das Mädchen mit den Fadengliedern, die Mineralienforscherin, die Bücherleserin und natürlich die einbeinige Sylphe. Über ihnen stand der Mond drei Tage vor seiner Vollendung. Er schickte ein Licht auf die Frauen herab, das sie in eine flirrende Unruhe versetzte. Die Rotäugige war es, die plötzlich mit Fluchen begann. Sie fluchte auf die langen

Tage und Nächte, auf die Arbeit im Haus; auf ihre kranke, kraftfressende Mutter, die bei ihr wohnte; auf alles, was ihr die Zeit vom Leben abriß und verschleuderte. Eine andere Frau stimmte in das Fluchen ein, eine nächste, bis sie sich alle ausgeheult hatten und im Mondlicht aufrecht standen wie eine Armee. Das Gras raschelte um ihre Waden und sie vollführten einen stampfenden Reigen nach ihrer inneren gierigen Musik. Bis es Nacht wurde und das Mondlicht glitzernder Wahn. Drei Nächte später machten sich die Frauen von Zauche zu der Zeit, wenn die Leute allerorts die Fernseher ausschalten, auf. Sie stiegen aus den Betten, schlüpften in ihre Küchenschürzen und Alltagskleider und liefen unter dem Mond wie durch Milch. Sie trafen sich vor dem Haus der Mineralienforscherin, und während sie sich auf den Weg machten, kicherten, gackerten und hakten sie sich verschwörerisch unter. Kurz vor Mitternacht erreichten sie die Stadt. Die Frauen folgten der Spur ihres Atems und drangen in die Häuser ein. Durch Türspalten und halb offene Fenster ging es. Mit Dietrich und Zange öffneten sie die Schlösser und verschafften sich Zutritt. Die Fadengliedrige schaffte es sogar durch den Schornstein zu schlüpfen. Sie standen vor den Betten jener Männer, die sie von ihren seltenen Stadtbesuchen her kannten: diese schönen, von jeder Liebe herabgefallenen Männer. Sie standen vor dem aus der Städtischen Sparkasse, vor dem Leiter des Supermarktes; vor denen, die jeden Monat frisch vom Friseur kamen; vor den iungen Männer, die das Kino besuchten und ihre Finger in Kinomädchen drückten. Vor den Diskothekenburschen mit ihren modischen bunten Sachen standen sie; vor dem Makler, der im schönsten Haus der Stadt wohnte; vor dem Universitätsprofessor, vor den Männern im Anzug und den verwegenen Brillen, vor denen der glücksversprechenden Plakatwände. Die Frauen von Zauche legten ihre Hände auf die Stirnen der schlafenden Männer. Der Mond vernebelte seinen Umkreis, und die Männer erhoben sich aus ihrem Nachtlager. Ihre Gattinnen ließen sie liegen und folgten den Frauen durch Fenster und Türen in die Nacht.

Jede hatte sich mehrere Männer gefaßt. Auf der Wiese am Lustigberg war bald eine große Schar versammelt. Das Mondlicht klärte sich und beleuchtete silberscharf, was jetzt begann. Die Frauen von Zauche ergriffen die Männer. Sie rissen ihnen Unterwäsche und Pyjama vom Leib und walzten mit ihnen durch Schlehendorn, Disteln und Brombeergestrüpp. Sie schleppten die Männer ab und zeigten sich, wie sie waren.»Aber Sie haben doch gar kein Konto bei uns!« rief der Sparkassenmann der Grauhäutigen zu. Und der Makler sagte verzweifelt zur Bücherleserin:»Sie kaufen doch gar kein Eigentum bei mir!«

Die Kinoburschen winselten, Frisuren fielen zusammen, und die Männer von den Plakatwänden zerweichten im Nachttau. Die Frauen tanzten und holten sich, was das Leben vergessen hatte. Schräg über ihnen rotierte der Mond, bis die Frauen satt waren. Nach diesem Erlebnis, was sich von nun an regelmäßig alle vier Wochen wiederholte, beschlossen die Männer der Stadt, Widerstand zu leisten. Ihre Gattinnen und Kollegen waren aufmerksam geworden, da sich bei ihnen etwas zu verändern schien: sie wirkten plötzlich verängstigt, unkonzentriert bei der Arbeit; und wenn man sie auf ihre Frauen und Familie ansprach, erschraken sie, als hätte man sie bei etwas Unerlaubten erwischt. Die betroffenen Männer erkannten einander, wenn sie sich auf dem Parkplatz oder in der Sparkasse begegneten. In der Mondnacht selbst waren sie bewußtlos und nahmen nichts wahr, als das Licht und das Glück der Frauen von Zauche. Im Büro des Maklers trafen die Männer eines Mittags zusammen und sprachen an, was sie bewegte. Zwar konnte keiner von ihnen beweisen, daß er jedesmal bei Vollmond von häßlichen Frauen auf die Wiese getrieben wurde, aber die zahlreichen Schrammen und Kratzspuren, welche die Männer jeden Morgen nach besagter Nacht vorzuweisen hatten, war Bestätigung genug. Sie faßten einen Plan.

Als der Tag des Vollmondes wieder heran war, ketteten sie sich an ihren Betten fest und befahlen den Ehefrauen, sie zu bewachen und gegebenenfalls die Eindringlinge zu vertreiben. Aber die Gattinnen, welche ihre Männer für ausgemachte Lügner hielten, schliefen darüber ein. Aber am nächsten Morgen fanden sie die Ketten durchtrennt und ihre Männer nackt und zertanzt auf dem Laken. Sie hatten versagt, und die Männer beschlossen, sich von ihren Eheweibern zu trennen. Sie ließen sich scheiden; vernagelten Fenster und Türen und warteten angstvoll auf die Nacht der Entführung. Die Frauen von Zauche holten sie jedes mal.

Nach einem Jahr, als die Ereignisse schon über die märkische Grenze nach Berlin gedrungen und die Männer an der Grenze ihrer Kräfte waren, faßte der Vorsteher der Sparkasse den Beschluß, ein Schreiben an die Internationale Raumfahrtbehörde zu verfassen, in welchem man anrate, Maßnahmen gegen die Existenz des Mondes einzuleiten. Man könne sich ein Abdunkeln,

eine Sprengung oder eine Änderung der Umlaufbahn vorstellen.
Zwar erhob der Universitätsprofessor anfangs Einwände gegen
diesen Vorschlag:»Die erklären uns für verrückt, außerdem liegt
die Ursache des Mondlichtes nicht beim Mond selbst, sondern bei
der Sonne.« Da aber der Professor am meisten unter der
Drangsalierung der Frauen zu leiden hatte, verabschiedete er bald
zusammen mit den anderen Männern das Schreiben an die
Behörde.
Jeden, ob in der Stadt oder auf dem Land, der von diesem
Vorfall hörte, ereilte ein ungeheures Gelächter. Die Männer
verkrochen sich vor Scham in ihren leeren Wohnungen. Einige
versuchten die Stadt zu verlassen, anderen wurde gekündigt. Die
Raumfahrtbehörde schickte niemals eine Antwort. Es war ein
Jahrhundertgelächter, das durch das märkische Land lief. Den
Frauen von Zauche aber verging bald die Lust auf ihre nächtlichen
Unternehmungen. Kein Mannsbegehren wollte mehr in ihnen
aufkommen. Langeweile ergriff sie, wenn sie nur an die Männer
dachten. Zwar trafen sie sich noch immer drei Tage vor Vollmond
auf der Wiese; zwar tanzten sie, aber sie taten es allein. Still
drehten sie sich, die eine sanft die andere umschließend, die Dicke
und die Fadengliedrige, die Rotäugige und die Mineralien-
sammlerin ... Nur manchmal, wenn der Mond vor Wolken
unsichtbar war, mußten sie laut und unverhofft lachen.

2

Worms Head[1]

KERSTIN HENSEL

I

Auf den walisischen Klippen den
                              Klüften
                                        Der
Krachenden See, Kopfgischt und
Stichhaltige Sonne und Weide und Heide, das Ginsterschaf
Dornenfett hält sich am Leben.
Ebbe in allen Kanälen
Im Drachenkopf
Wir

II

Frachter verschiffen von hie nach hie
Sprengstoff. Wir haben die See-
Pocken gesehen, wie sie die Felsenkiele befallen.
Wolkenflottillen gehen voraus
Der Flut unserer Jahre. Sehr wenig
Zählen wir, kampferprobt in Geduld und Verlust –

III

Dann stürzte der Himmel ins Meer Auf allen Kanälen
Welsches Geschwätz BIG BRATTER Mäh!
TINA'S TALK Dornen der Hunger
Mäh! MIDDAY MONEY und Laverbread für die Welt
Algenfresser Zukunft WHEELE FORTUNE Mäh!
Gischt auf der Zunge rollt
HOW WANTS TO BE
HOW WANTS TO BE
HOW WANTS TO BE
A MILLIONÄR
Auf dem Teller dampft das Ragout

Note

[1] This poem is published with the kind permission of Luchterhand. A
version of it also appears in *Bahnhof verstehen* (2001).

3

Kerstin Hensel:
Outline Biography

BETH LINKLATER AND BIRGIT DAHLKE

1961 Kerstin Hensel was born in Karl-Marx-Stadt (Chemnitz). Her father was a mechanic and her mother a nurse. After finishing school at sixteen she went on to study nursing at the medical school in Karl-Marx-Stadt.

1980 From 1980 to 1983 Hensel worked as a surgical nurse in Karl-Marx-Stadt.

1983 Hensel gave birth to her son Benjamin. Her first publication also appeared: *Poesiealbum. Gedichte*. Hensel was accepted to study at the *Literaturinstitut Johannes R. Becher* in Leipzig, where she spent the next two years.

1985 First production of the radio play *Anspann*.

1985 Hensel was appointed as an assistant at the main Leipzig theatre, where she worked until 1987, whilst continuing to write.

1987 Hensel decided to give up her job and work as a freelance writer and academic. She taught 'Deutsche Verssprache und Versgeschichte' at the Ernst Busch drama school in Berlin. She also worked at the Film School in Potsdam, where she is now an associated professor (since 2001).

1987 Hensel published the stories *Lilit* and *Stinopel* together with the painter and graphic artist from Leipzig, Reinhard Minkewitz. These appeared in a private publishing house. Further projects included translations of Edgar Allen Poe and the radio play *Die lange lange Straße*.

1988 Publication of Hensel's collection *Stilleben mit Zukunft. Gedichte*, which received much critical acclaim.

1988 From 1988 until 1994 Hensel was co-editor (with Karl-Georg Hirsch) of the poetry and graphic art journal

COR/ART/ORIUM. Her radio play *Max und Moritz* was first performed in 1988.

1989 Hensel's first prose work, *Hallimasch*, appeared in both East and West Germany. *Stilleben mit Zukunft. Gedichte* was published in the West, entitled *Schlaraffenzucht*. Hensel also scripted the film *Leb wohl, Joseph*, directed by Andreas Kleinert. Her work was now well established in many genres.

1990 Hensel's extraordinary productivity continued with the publication of the short story *Ulriche und Kühleborn* and the libretto for the opera *Rondo allemagne* (music by Friedrich Schenker).

1991 Hensel was awarded the 'Leonce- und Lena-Preis der Stadt Darmstadt'. She published her first novel, *Auditorium Panoptikum*, and a selection of her love poetry appeared in the collection *Ab tritt Fräulein Jungfer* (Edition Balance Berlin). The radio plays *Marie und Marie* and *Der Spielmannszug* were also performed.

1992 Further acknowledgement of Hensel's achievements came when she was awarded the 'Lyrikpreis der Stadt Meran'. The Gutenberg Press (Leipzig) published a selection of her poetry, with illustrations by Karl-Georg Hirsch, entitled *Bagatellen*. Hensel directed the radio play *Die Gespenster der Lavant*.

1993 More publications followed rapidly, with various publishing houses, both major and more minor: *Angestaut*, a collection of poems and essays on the *Wende*, *Kahlkuß*, poems illustrated by Karl-Georg Hirsch (with the burgart press in Rudolstadt) and *Diana!*, a discussion with the poet Elke Erb, illustrated by Karla Woisnitza (Kontextverlag Berlin).

1994 *Tanz am Kanal*, a novella which charts the fictional biography of Gabriela von Haßlau, was published to much critical acclaim and heated debate. Hensel also edited a collection of work by Christine Lavant.

1995 Hensel was the stipendiary guest of the Villa Massimo in Rome. The poetry collection *Freistoß* was published with the small Connewitz press in Leipzig and *Augenpfad*, poetry and prose with illustrations by Angela Hampel, appeared with Balance Gotha. Hensel also wrote the script for the film *Der Kontrolleur*, directed by Stefan Trampe.

1996 Hensel wrote the libretto for the television and radio programme *alias mandelstam*, with music by Friedrich Schenker. The programme was aired by Südwestfunk and Deutschlandradio. She was awarded the 'Förderpreis zum Brandenburger Literaturpreis'.

1997 *Neunerlei*, a collection of short stories, appeared. Hensel also published poetry after the style of Alexandre Laiko and Boris Pasternak. The play *Klistier* was first performed at the National Theatre in Mannheim. Hensel was also awarded a scholarship by the 'Preußische Seehandlung' organization in Berlin.

1998 Hensel published two further poetry collections, *Volksfest by Bürgerbräu. Berlingedichte*, illustrated by Detlef Olschewski, and *Totentänze*, again illustrated by Karl-Georg Hirsch. She directed a programme on J. R. Becher. She was awarded the 'Förderpreis zum Lessingpreis des Freistaates Sachsen'.

1999 Hensel's second novel, *Gipshut*, appeared. It is a montage work which weaves together stories from the GDR and post-*Wende* Germany. Other publications in this year were texts to accompany photographs by Thomas Billhardt in the book *Alles war so, alles war anders*. The play *Hyänen* was first performed in Ingolstadt. Hensel was awarded the 'Literaturpreis der Stadt Hannover'.

2000 Hensel helped to direct the Benn-Brecht-Bachmann-dialogue *Menschen getroffen*. She also visited the University of Wales Swansea as writer-in-residence in the Centre for Contemporary German Literature.

2001 First performance of two plays: *Atzenköfls Töchter* in Ingolstadt, to mark the occasion of Marieluise Fleißer's hundredth birthday (directed by Hansjörg Utzerath); and *Preußisch Blau* in Cottbus.

4

»Mir reicht mein Leben nicht aus, um all die Geschichten zu erzählen, die ich in mir habe«: Gespräch mit Kerstin Hensel

BETH LINKLATER UND BIRGIT DAHLKE

BD: Gestern war der Tag der deutschen Einheit. Nach der Lesung eben sagtest du, Literatur entstehe nicht aus Jahrestagen. Hier aus dem Abstand von Wales gefragt: Würdest du der Behauptung zustimmen, dass deine zentralen Themen aus der DDR stammen?

KH: Zentrale Themen stammen immer aus der Kindheit, meine Sozialisation erfolgte in der DDR. Demzufolge müssen sich prägende Erfahrungen aus der DDR in meinen Texten auffinden lassen. Wobei das weniger das politische System der DDR betrifft. Politische Verhältnisse sind nur ein Teil eines Mosaiks – was nicht heißt, dass meine Texte unpolitisch wären.

BL: Unterscheidest du zwischen Politik und Geschichte?

KH: Jahrestage sind von Menschen gesetzte Daten, mit denen behauptet wird, etwas nicht vergessen zu dürfen. Geschichte ist das Größere, das wirklich Zäsuren setzt. Im Moment des Geschehens kann man ja schwer einschätzen, was davon Geschichte werden wird.

BD: Bist du froh, den doch schon als historisch erkennbaren Einschnitt 1989 erlebt zu haben? Noch dazu in einem Alter, das dir genug Erfahrung vorher und zugleich genug Lebenszeit nachher ermöglicht.

KH: Es ist schon ein Glück, in diesem Jahrgang geboren zu sein. Vor allem war es ein unkriegerischer Einschnitt.

BD: Hast du hier an der Universität von Wales Swansea etwas Neues über dich als Autorin erfahren?

KH: Auf Lesungen im Ausland werde ich nach nichts anderem gefragt als auf Lesungen zu Hause.

BD: Aber britische Studenten nehmen dich deutlicher als deutsche Autorin der Gegenwart wahr.

KH: Darüber habe ich noch wenig nachgedacht, weil ich mich als Autorin in der Öffentlichkeit eigentlich nicht reflektiere. Wenn ich schreibe, interessiert mich nur mein Stoff.

BL: Aus dem Schreiben entsteht keine Reflexion? Unter deinen Figuren sind ja selten Schriftsteller/innen. Im *Tanz am Kanal* natürlich . . .

KH: Das ist aber fiktiv! Ich schreibe nicht reflexiv im Sinne privater Befindlichkeit.

BD: War irgendetwas auf der Tagung über deine Texte für dich überraschend? Du hast dir die Vorträge der Literaturwissenschaftlerinnen ja immerhin angehört.

KH: Ja, dass man aus Druckfehlern ganze Theorien ableiten kann. Man wundert sich zwar z.b. über die Namensabweichung innerhalb ein und derselben Erzählung, spricht aber dem gedruckten Text so viel Autorität zu, dass man dieser Verwunderung nicht nachgeht, sondern die Abweichung theoretisch zu erklären versucht.[1] Diese Achtung gegenüber dem Gedruckten ist gleichzeitig auch bemerkenswert.

BD: Deine Anwesenheit während der Vorträge erzeugte natürlich auch einen gewissen Druck, als Wissenschaftlerin musste man sich auf einmal auch von deinem Einspruch emanzipieren. Wir halten uns an den Text, deine Selbstauskünfte würde ich davon trennen wollen. Es ist eine gegenseitige emanzipative Leistung gefordert.

KH: An der Germanistik überhaupt fällt mir auf, dass viele Forscherinnen und Forscher ihrem Gegenstand so ergeben sind, dass sie nicht kritisch genug sein können. Viele hüten sich, ihre persönliche Meinung zu einem Text zu formulieren.

BL: Wir suchen uns natürlich die Texte aus, die uns gefallen.

KH: Ist es nicht manchmal spannender, zu Erkenntnissen über die Schwachpunkte eines Werks zu gelangen?

BD: Da hast du recht. Eine Falle. Wie erklärst du dir eigentlich, dass es zwar männliche Rezensenten deiner Texte gibt, die ausführlicheren Aufsätze jedoch vorrangig von Literaturwissenschaftlerinnen stammen? Beunruhigt dich das?

KH: Es wundert und beunruhigt mich. Ich schreibe ja bewusst keine spezifische Literatur »für Frauen«.

BL: Sind die Frauenfiguren in deinen Texten interessanter? Finde ich eigentlich nicht . . .

BD: Vielleicht wird doch für die Frauenfiguren so deutlich Partei ergriffen, dass die Konfrontation mit dieser Perspektive für männliche Leser zwar reizvoll ist, eine öffentliche Äußerung dazu aber schwieriger?

KH: Da müsste man die Herren fragen.

BD: Es gibt in deinen Texten kaum männliche Figuren, die in ihrer Widersprüchlichkeit so interessante Identifikationsfiguren sind wie vielleicht die Ulriche für Frauen.

BL: Auch in der Geschichte, die du heute gelesen hast, 'Die Frauen von Zauche', sind es die Frauen, die die Macht haben!

KH: Das ist nun aber ein gleichnishaftes Extrem.

BD: In der Don-Juan-Geschichte ist es genauso. Die der Erzählinstanz interessantesten Figuren sind oft weiblich.

KH: Da muss ein Tiefenpsychologe ran!

BL: Hans Kielkropf aus *Gipshut* wäre vielleicht eine Ausnahme.

KH: Er ist der tragisch-komische Verlierer der Geschichte, weil er aus Angst vor den Menschen in die Umarmungen der Ideologie flüchtet.

KH: Zum *Gipshut* haben sich mehr Männer positiv geäußert als Frauen, beim *Tanz am Kanal* war es umgekehrt.

BD: Mal eine ganz andere Frage: Du liest im Ausland selten Lyrik, weil du dich durch die Sprachhürde nicht genug verstanden fühlst. Kann man aber unabhängig vom semantischen Verständnis nicht gerade durch die Poesie die Eigenart einer fremden Sprache erfahren?

KH: Meist beginne ich eine Lesung mit drei Gedichten, einfach um daran zu erinnern, dass es das Gebiet der Dichtung noch gibt. Das Unverständnis für Verse ist nach meinem Eindruck in den letzten Jahren gewachsen.

BD: Da würde ich widersprechen.

KH: Man erwartet Prosa. Gedichte stoßen immer öfter auf Unverständnis. Da waren wir in der DDR weiter, auch unter dem »normalen« Publikum. Man wusste, dass Gedichte mehr sein müssen als gereimte Zeilen.

BL: Hältst du deine Gedichte für schwieriger als die Prosa?

KH: Sie bestehen aus Versen und sind demnach verschlüsselte Sprache. Ich halte meine Lyrik nicht für hermetisch oder verrätselt. Aber sie erfordert Fähigkeiten im Umgang mit Metaphern, das ist in einer fremden Sprache schwierig.

BD: Du willst möglichst weit »verstanden« werden.

KH: Ja. Wenn ich Geschichten lese, ist das nicht so schwierig.

BD: Doch! Georgina Paul sagte, deine Geschichten ziehen einem den Boden unter den Füßen weg!

KH: Verstanden werden heißt ja nicht, es eins zu eins aufzulösen.

BD: Du sagtest mal, reine Klangpoesie interessiere dich nicht.

KH: Nicht, wenn sie ohne Hintergrund daherkommt. Was z.B. Pastior macht, ist natürlich in sich stimmig: durch Klang bestimmte Effekte zu erzeugen. Das ist aber etwas anderes, als in einer fremden Sprache nichts außer dem Klang wahrzunehmen. Von Nachdichtungen weiß ich, wie schwierig es ist, etwas so Komplexes wie Metaphern in einer anderen Sprache wiederzugeben. Es ist eigentlich unmöglich. Du bemühst dich, so eine Metapher zu finden, zu bauen, und deine Hörer sagen: das klang aber gut. Das ist unbefriedigend.

BD: Eine Konsumentenhaltung.

KH: Ja, das ist eine verbreitete, weil bequeme Haltung. Darauf reagiere ich allergisch.

BD: Du willst verstören.

KH: Dichtung ist nicht nur Klang, sondern eine andere Wahrnehmung der Wirklichkeit.

BD: Hat sich in der Haltung gegenüber Dichtung wirklich so viel verändert? Kann man noch weitergehen und behaupten, die Verhältnisse in der DDR seien für die Literatur produktiver gewesen? Eine Gewissensfrage.

KH: An die Stelle der politischen DDR-Zensur ist eine ökonomische Zensur getreten, eine Modenzensur. Du kannst heute alles sagen.

BD: Auch alles drucken!

KH: Ja, es ist was anderes. Aber Zensur heißt immer, etwas nicht zulassen. Du kannst alles drucken, aber wenn ein Verlag nicht wirbt, ist es so, als ob das Buch nicht existiere ... das ist etwas Neues auch für die Bundesrepublik, nicht nur ein Unterschied zwischen DDR und vereinigtem Deutschland. Das ist eine Sache des Medienmarktes, der anders funktioniert als noch vor fünfzehn Jahren. Das Verständnis von Gedrucktem hat sich grundlegend geändert, auch das Verständnis von Information und Bildung.

BD: Ein Statusverlust des Gedruckten.

KH: Ja, eine Aufwertung der Information zu ungunsten der Bildung.

BD: Hast du mit der DDR einen bestimmten Druck als Antrieb zum Schreiben verloren?

KH: Nein. Ich habe immer aus einem anderen Anlass als dem politischen Druck geschrieben. Die Enge, die ich beschreibe, stammt aus der Kindheit und hat nur mittelbar mit dem politischen System der DDR zu tun.

BL: Gab es Selbstzensur für dich? Am Literaturinstitut z.B.?

KH: Nein, das hat mich nicht interessiert. Meine Diplomarbeit im Fach Philosophie wurde nicht angenommen, weil ich über Trotzki geschrieben hatte, na und? Das hat mich kaltgelassen. Am Literaturinstitut war ich schon in einer Zeit, in der das ging. Zehn Jahre früher hätte meine Gleichgültigkeit andere Konsequenzen gehabt.

BD: Ist es schwerer, seine Themen zu finden, wenn alles geht?

KH: Für mich nicht. Mir reicht mein Leben nicht aus, um all die Geschichten zu erzählen, die ich in mir habe. Das hat aber mit meinem Interesse an Geschichten zu tun, das ist für andere Autoren anders. Ich brauche keinen »Feind«, wenn schon, dann ist der »Feind« die vermatschte Alltagssprache, das Mediengestammel, die Verkümmerung von Sehen und Denken.

BD Du hattest ja auch nicht das Problem des zweiten Buchs, der Themenfindung nach der eigenen Biographie.

KH: Auch mein erstes Buch war kein autobiographisches.

BD: Wobei ich auch in deinen Texten Strukturen entdecke, die sich wiederholen, z.B. zwischen dem 'Ausflug der Frisore' aus *Hallimasch* und den 'Frauen von Zauche'.

KH: Das sind ja keine Erzählungen, sondern symbolische Geschichten. Du hast sicher recht, Strukturen, Denkstrukturen findet man immer wieder, du kommst aus bestimmten Kreisen des Schreibens nicht heraus.

BD: Z.B. auch die Methode, zwei Handlungen ineinander zu schrauben und übergangslos zu erzählen, die Schnittmethode. Die funktioniert allerdings im *Tanz am Kanal* anders. Dieser Text fällt immer wieder aus den anderen heraus, positiv. Er muss irgendwie anders entstanden sein, diffuser, nicht so bewusst gebaut, unbewusster.

BL: Um 1994 wurde ja nach Opferbiographien verlangt.

BD: Da existierte ein öffentlicher Erwartungsdruck auf dich als ostdeutsche Autorin. Hat den Schreibprozess im Falle von *Tanz am Kanal* irgendetwas von anderen Arbeitsphasen unterschieden?

KH: Wie schon gesagt, ich reflektiere nicht über mich als Schreibende. Ich weiß es nicht. Es ist ein kürzerer Text, eine Erzählung, kein Roman und für mich aus heutiger Sicht längst nicht vollkommen.

BL: Liegt es an der Ich-Perspektive?

KH: Natürlich schreibt man aus der Ich-Perspektive anders. Auch meinen neuen Roman schreibe ich aus der Ich-Perspektive – er ist natürlich trotzdem fiktional.

BD: In unserem ersten Interview hattest du gesagt, die Ich-Perspektive würdest du bewusst vermeiden, das wäre zu gefähr-lich, zu nah an der eigenen Biographie.[2]

KH: Ja, es hat mich interessiert, was passiert, wenn ich das doch mache.

BL: Was willst du damit erreichen, wenn du eine Ich-Haltung beziehst?

KH: Du erfährst dich als in einer bestimmten Rolle schreibend. Das ist ähnlich wie in der Dramatik, da vertiefst du dich in eine Rolle.

Natürlich muss man dann aus der soziologischen Perspektive, in der Sprache der Person schreiben.

BD: Auch die Wertungshaltung gegenüber der eigenen Figur ist unmittelbarer.

BL: Du schreibst Lyrik, Dramatik, Prosa – hast du eine Lieblingsgattung?

KH: Nein. Es darf einem nicht eine Gattung lieber sein als die andere.

BL: Aber wenige Autoren wählen so viele verschiedene Textsorten und Gattungen.

KH: Ich schreibe gern in einem anderen Genre, nachdem ich eine Arbeit abgeschlossen habe. Nach der Erzählung versenke ich mich in filmische Welten usw., aber alles ist mir gleichermaßen lieb. Das, was man gerade macht, ist jeweils das wichtigste.

BL: Schreibst du gern Aufsätze? Hast du ja gemacht.

KH: Eher nicht. Aufsätze, Essays und dergleichen fordern mich heraus, abstrakt zu denken, genau zu sein, vielleicht auch feuilletonistische Ohrfeigen zu erteilen, aber sie bremsen die Phantasie.

BL: Wo siehst du Ähnlichkeiten zwischen Textarten? In deiner Prosa entdecke ich z.b. die Bedeutung des Klangs, des Gesprochenen:»Va-ri-zen. Sprich nach!« Oft finden sich Wörter, die Geräusche»sind«.

KH: Natürlich. Wenn das Wort»Varizen« im Gedicht vorkäme, wäre es Parodie oder schrecklich. Das ist von mir schon genau gehört. Es geht immer um Genauigkeit.»Varizen« und «Violine« passen eben zusammen.

BL: Du benutzt ja auch viele Adjektive, sehr fein, sehr genau ausgewählte. Dein Umgang mit Sprache ist wohl für deine Leser/innen viel wichtiger als deine Themen.

KH: Ich kann nicht verstehen, wie man Sprache und Inhalt voneinander trennt. Es gibt nicht die Sprache an sich, auch nicht in der Dichtung.

BD: Deine surrealen Bilder sind für mich in der Lyrik erwartbarer als in der Prosa, da überraschen sie mehr.

KH: Das hat aber mit den Prosavorlieben in Deutschland zu tun. In lateinamerikanischer Prosa gibt es surreale Drehungen schon seit dem Mittelalter. Auch in osteuropäischer Prosa sind Grotesken verbreiteter als in deutscher. Außerdem bin ich eine Märchenleserin.

BD: Wobei ich bis zu einem bestimmten Punkt in deinen Erzählungen auch die karge, fast spröde, klar organisierte Struktur der deutschen Erzähltradition des 19. Jahrhunderts wiederfinde. Bis dann ein Sprung, eine surreale Drehung erfolgt. Stört dich eigentlich deine Unterrichtspraxis im Fach Versgeschichte beim Schreiben von Lyrik?

KH: Ich bereue nicht, dass ich nicht Germanistik studiert habe. Ich kenne viele Kollegen, die ihr Studium behindert. Ich unterrichte ja nicht Germanistik, sondern erarbeite mit Schauspielern lebendige Verssprache. Das ist reizvoll für mich, hat aber den Effekt, dass ich weniger Gedichte schreibe als früher. Jetzt habe ich einen kleinen Band mit Gedichten aus fünf Jahren zusammengestellt. Außerdem muss mich beim Gedichtschreiben die Muse küssen, während ich mich zum Prosaschreiben disziplinieren kann und da weitermachen, wo ich aufgehört habe.

BL: Schreibst du dann Gedichte sehr schnell?

KH: Der erste Wurf steht relativ schnell, dann überarbeitet man mehrfach.

BD: Du wurdest heute danach gefragt, ob du dich als »ostdeutsche« Autorin siehst. Ist das für dich eher eine Auf- oder eine Abwertung?

KH: Weder noch. Ich wundere mich, dass diese Frage mehr interessiert als meine Literatur. Es ist für mich immer das schönste, wenn jemand nach einer Lesung sagt: ich kenne auch solche Leute wie in dieser Erzählung oder ich weiß, wie das Leben im Gebirge ist . . . Wenn man sich also auf die Geschichten einlässt.

BD: Seit wir in Deutschland breiter über Skins und Neonazismus unter Jugendlichen diskutieren, lese ich deine Geschichten über Gruppenverhalten, Ausgrenzungen, Normendruck noch anders als früher. Ist dir passiert, dass nach Lesungen genau über solchen Gruppendruck gesprochen wurde?

KH: Ja. Gruppenverhalten ist immer Machtverhalten. In dieser Hinsicht bin ich durch die Pioniere sensibilisiert, Gruppenlager waren mir schon früh zuwider, ohne dass ich das damals intellektuell gefasst hätte. Jetzt erlebe ich auch am Beispiel meines Sohnes, wie zerstörerisch, aber auch wie ermutigend Gruppen sein können. Gruppendynamik, die Stellung des einzelnen in einer Gruppe, der Wunsch, dazuzugehören wie im 'Ring' (*N*, 125–30), das beschäftigt mich sehr. Das sind ja letztendlich Gesellschafts-metaphern.

BD: Auch die subtile Gewalt, die in vielen deiner Texte unterschwellig herrscht, wird man später vielleicht mal als Sensor eines zeithistorischen Klimas lesen, als gesellschaftliche Zustands-beschreibung.

KH: Dabei will ich gar nicht so viel über Gewalt schreiben. Aber es begegnet einem immerfort Gewalt im Alltag . . . Warum ist Kleist von seinen Zeitgenossen angegriffen worden, unter anderem, weil er seine Zeit aus diesem Gesichtswinkel der Gewalterfahrung beschrieben hat. Ich will mich überhaupt nicht mit Kleist ver-gleichen. Aber wenn so viel Gewalt in meinen Texten zu finden ist, liegt das auch an der Realität.

BL: Eine ganz andere Frage zu den Kategorisierungen: Gibt es zehn Jahre nach der DDR noch DDR-Literatur? Ist *Gipshut* noch DDR-Literatur? Um den »neuen Menschen« zu verstehen, braucht man Wissen über DDR-Geschichte.

KH: Es ist ein Text, der unter anderem von der DDR handelt.

BL: Und »Frauenliteratur«?

KH: Was ist das? Das ist eine tendenziöse Einteilung. Von Männerliteratur spricht niemand.

BL: Sowohl in der frühen Erzählung 'Herr Johannes' als auch in der von 1999 'Die Frauen von Zauche' geht es um einen Aufstand der Frauen gegen die Männerherrschaft, es geht um Sexualität, Essen, Tanz, auch um eine Utopie, und die ist nicht patriarchalisch.

KH: Es geht um Sinnlichkeit. Aber das gibt's ja seit der Antike, schon dort werden Fragen nach den Geschlechterverhältnissen gestellt. Es ist nicht neu.

BD: Du kannst nach einem Jahrhundert Frauenbewegung gegen biologistische Zuschreibungen polemisieren, mit Klischees spielen, auch feministischen. Solche Souveränität ist ein Ergebnis auch der Frauenbewegung.

In den Vorträgen wurde viel über den Ort von Sexualität in deinen Texten nachgedacht: als Spiegel gesellschaftlicher Machtverhältnisse, als Dimension menschlicher Beziehungen. Es wurde aber auch strukturellen Zusammenhängen zwischen dem Akt des Schreibens und dem Begehren nachgefragt.

KH: Für mich ist Sexualität in der Literatur einer der Sinne wie Essen und Trinken. Sexualität fängt ja nicht erst beim Geschlechtsakt an, es ist eine Dimension zwischenmenschlichen Verhaltens. Darin kommen Machtverhältnisse zum Ausdruck, auch gesellschaftliche Machtverhältnisse, nicht nur die privaten.

BD: Es gibt auffallend viele sexuelle Spannungen innerhalb eines Geschlechts in deinen Texten. Meines Erachtens ist eben auch gar nicht so wichtig, ob in *Tanz am Kanal* eine »reale« Vergewaltigung gestaltet wird oder nicht, worüber wir mit Jennifer Hosek stritten. Es geht um ein ganzes Bündel von gegenseitigen Erwartungen, Ängsten, Zuschreibungen.

KH: Genau. Eine »reale« Vergewaltigung zu beschreiben, hätte mich nicht interessiert, das hätte die Geschichte kaputtgemacht!

BL: In *Auditorium Panoptikum* gibt es dann diese Gegenvergewaltigung, Gruppenvergewaltigung mit Frauen als Täterinnen.

KH: Eine Ironie!

BD: Warum hätte eine »reale« Vergewaltigung den *Tanz am Kanal* kaputtgemacht?

KH: Erstens empfände ich es als geschmacklos, wenn ich eine Vergewaltigung »pur« zu beschreiben versucht hätte. Es wäre nicht stimmig gewesen, hätte nicht zu der Person Gabriela von Haßlau gepasst, die da schreibt. Da wären die Andeutungen weg. Wenn die Verhüllung weg ist, wird zwar manches sichtbar, aber langweilig. Mich interessiert solche »Schockliteratur« nicht. Es geht um die Wahrnehmung der Figur Gabriela, und die nimmt das Erlebnis, welches auch immer, nicht als Vergewaltigung wahr, sondern in dieser diffusen Verquickung von Fatalismus und Gleichgültigkeit.

BD: Damit wird die Unmöglichkeit thematisiert, Vergewaltigung zu sprechen. Das halte ich für wichtig.

BL: Kannst du noch etwas dazu sagen, warum dieselben Figuren in unterschiedlichen Texten auftauchen?

KH: Das ist ein Spiel, man nimmt vertraute Personen auf die Reise ins nächste Buch mit. Da steckt nicht mehr dahinter.

BL: Das hat Irmtraud Morgner auch gemacht.

KH: Nicht nur sie. Manchmal gerät einem eine Figur ähnlich und dann denke ich, warum soll ich die noch mal neu benennen, wenn ich die schon habe.

BD: Wobei viele Namen eben auch klingen, über eine Art Soziolekt oder Dialekt relativ unaufwendig Kontexte herstellen.

BL: Gibt es den sächsischen Humor?

KH: Ich weiß nicht, ob das mit dem sächsischen Humor so stimmt.

BD: Gibt es eigentlich rein »ernsthafte« Texte von dir? 'Lilit' vielleicht . . . Gedichte natürlich . . .

KH: Ja, Gedichte sind bei mir selten komisch, und wenn, dann sind sie nicht besonders gut.

BD: Wo es keine komischen Züge gibt, findet sich Sarkasmus, Groteskes.

KH: Was auf der Konferenz über das Komische und die Gegenwelten gesagt wurde, fand ich interessant. Manche Autoren schreiben ja auch aus Hass. Ich nicht. Ich brauche eine gewisse Ausgewogenheit, Gerechtigkeit gegenüber noch den schlimmsten Figuren. Man muss Hass als Gefühl kennen, aber aus Hass schreiben kann ich nicht. Für manche Autoren ist mit der DDR eben auch solcher Hass als Schreibantrieb verlorengegangen. Wahrscheinlich kann man aber auch über einen Gegenstand, den man verehrt, nicht schreiben. Du brauchst Distanz.

BL: Was hat sich in den letzten zehn Jahren für dich als Autorin geändert?

KH: Die Welt ist größer geworden. Dass einem diese Möglichkeiten offen sind, andere Kulturen kennenzulernen, ist ein Privileg, auch international. Der größte Teil der Weltbevölkerung ist dazu nicht in der Lage. Ich schreibe aber selten über die Länder, in denen ich war. Natürlich fließen meine Erfahrungen indirekt ein.

BL: Hast du den Literaturstreit der 90er Jahre wahrgenommen? Den Streit um Christa Wolfs *Was bleibt*, Sascha Andersons Stasi-Tätigkeit, die Debatte über Gesinnungsästhetik?

KH: Wahrgenommen schon, aber ich habe mich daran nicht beteiligt. Was für eine Kraftverschwendung, sich in Abrechnungen zu verbeißen!

BD: Wobei du als Intellektuelle eine gewisse Verantwortung hast.

KH: Ja, aber du hast nicht die Verantwortung, solche Debatten zu führen. Welchen Leser interessiert das auf Dauer? Sollen sie lieber die Bücher von Christa Wolf lesen. Diese Hackstückerei, dieser Voyeurismus ist mir zuwider.

BL: Meinst du, du wärest auch im Westen zur Schriftstellerin geworden, von der Krankenschwester ans Literaturinstitut?

KH: Dann hätte ich vielleicht Germanistik studiert, das ist wohl der übliche Weg in Westdeutschland. Von der Krankenschwester zur Schriftstellerin – das war in der DDR ja eigentlich kein »Aufstieg«. Am Literaturinstitut in Leipzig wurde man damals nur aufgenommen, wenn man schon einen Beruf gelernt hatte. Welche Autoren sind in der DDR über ein Germanistikstudium zum Schreiben gekommen?

BD: Jüngere: Annett Gröschner, Heike Willingham. Auch Christa Wolf, die das als Problem thematisiert hat. Wenige. Lange-Müller, Braun, Hilbig, Neumann kommen nicht aus Akademikerfamilien.

KH: Man hat in der DDR vielleicht auch aus anderen Impulsen angefangen zu schreiben ... Es gibt Parallelen zwischen ost- und westdeutschen Schreibanfängen, aber eben auch viele Unterschiede. Viele junge Schreibende heute haben bereits ein Bild des Erfolgsautors im Kopf, der sie werden wollen. Das ist manchen wichtiger als: habe ich etwas zu sagen? Das hat mit der gesamten Gesellschaft zu tun.

BL: Am DDR-Literaturinstitut herrschte also ein anderes Verständnis von Autorschaft? Wie oft wart ihr Studenten des Instituts damals im Theater, vier mal die Woche? Das wäre natürlich heute für Leute aus unteren Schichten unmöglich.

BD: Ein wichtiger Antrieb, ins Theater zu gehen, war die Lust, sich mit Gesellschaft auseinanderzusetzen, anders als in der Propagandawelt der Zeitungen. Was suchen unsere Kinder heute? Sie können versuchen, eine Insel im Meer der tausend Reize und Möglichkeiten zu bilden, das ist eine völlig andere Lebenssituation. Das Bild vom Meer gibt es in den DDR-Texten dagegen ganz anders: Sachsen am Meer, bei Hilbig, bei Barbara Köhler, als Ausbruch aus provinzieller Enge, aus dem Stillstand. Was wären denn vergleichbare Lebensentwürfe heute?

KH: Das zu entdecken, ist vielleicht die Aufgabe des Schriftstellers. Allerdings – wer würde das denn heute noch hören? Es gibt den Vorwurf, wir Autoren würden keine großen Entwürfe wagen. Wie sollten die denn aussehen? Religiös? Ich kann es nicht beant-worten. Lebensentwürfe leistet vielleicht heute die Trivialliteratur, aber eben trivial, verlogen. Popliteratur dagegen versucht, in der Reizüberflutung mitzuhalten und selbst Reize zu setzen. Das eben ist, was ich dieser Literatur übelnehme, dass sie mit den gesell-schaftlichen Verhältnissen einverstanden ist. Hierhin gehört auch die modische Ironie, die niemanden wehtut.

Anmerkungen

[1] Im Roman *Gipshut* werden fälschlicherweise stellenweise Namen aus der Erzählung *Tanz am Kanal* verwendet, was Reinhild Steingröver in ihrer Analyse des Romans als einen bewussten intertextuellen Bezug deutete, bis Hensel darauf hinwies, dass dies einzig auf einem Druckfehler beruhte. Sie hatte in einer früheren Fassung den Namen aus *Tanz am Kanal* auch im Roman benutzen wollen, dies dann jedoch verworfen. Offensichtlich wurde das nicht überall korrigiert.

[2] Birgit Dahlke, 'Gespräch mit Kerstin Hensel am 12.1.1993 in Berlin', *Deutsche Bücher*, 2 (1993), 81–99, hier 91–2.

5

Die frühe Lyrik Kerstin Hensels

GERHARD ROTHBAUER

Meine Untersuchung beschränkt sich auf den ersten Gedichtband *Stilleben mit Zukunft*, erschienen 1988 im Mitteldeutschen Verlag Halle-Leipzig. Da fragt es sich sofort, ob die Arbeit nicht überholt, überflüssig sein wird, zumal sich seitdem der Staat, in dem die Gedichte entstanden waren, aufgelöst hat.

Gerade deshalb jedoch könnte die Arbeit auch immer noch von Nutzen sein. Hensels Biographie ist mit diesem historischen Prozess in einer ganz eigenen Weise verbunden. Der Aufbruch der noch relativ Unbekannten von Leipzig nach Berlin, ihre Lehrer dort aus Wissenschaft und Literatur, ihre Arbeit an einer Schauspielschule vermittelten ihr in den wenigen Jahren bis 1989 umfangreiches Wissen, brachten ihr neue, prägende Erfahrungen. Sie näherte sich der Dreißig. Sie wurde in jeder Weise erwachsen. Zudem galt Berlin damals als Zentrum der deutschen Lyrik. Journalisten und Germanisten aus aller Welt richteten ihr Augenmerk darauf. Eine spezielle Wissenschaft etablierte sich, Hunderte gelehrter Abhandlungen entstanden, schien doch dort nicht nur eine mutige, aggressive, die Herrschaft in Frage stellende, sondern zudem auch eine ganz moderne Lyrik im Entstehen. Hensel kam gerade rechtzeitig, aber sie blieb immer in Distanz zu diesen Gruppen. So konnte sie genauer hinsehen und -hören als die fremden Kenner, die in ihrer Euphorie allzu schnell ihr endgültiges begeistertes Urteil fertig hatten. In Berlin erlebte sie die »Wende« 1989.

Inzwischen hat sich Hensel etabliert. Sie hat die Dreißig längst überschritten. Sie hat angesehene Preise erhalten, sie hat ihre eigene Stimme im Chor der Literaten. Was übernimmt die gereifte Autorin von der Anfängerin? Was bleibt davon in den neuen, alles umwendenden, Zeiten?

In zwei längeren Texten erklärt Hensel auf recht verschiedene Arten und jeweils in ungewöhnlicher Weise Aspekte ihrer Poetik. Der erste 'Übers Gedichteschreiben' (*S*, 9–15) überrascht vom ersten Ton an: keine ernste Reflexion, etwas wie eine melancholische Groteske, nicht ohne Selbstironie und -mitleid. Eigentlich geht es ums Gegenteil: Was alles das Gedichteschreiben verhindern kann: die trivialsten Hemmnisse können aufgezählt werden: ein Rohrbruch, das fehlende Telefon, ein erst ungebetener, dann doch gebetener Gast, das schreiende Kind, die Kälte im Zimmer. Die Hindernisse im Innern sind nicht kleiner: Da sind immer wieder die unerfüllten Forderungen der Autoritäten etwa nach einem Anti-Atombomben-Gedicht, doch die Dichterin kann sich »nicht mal einen Knüppelschlag zwischen deinen Schultern« (*S*, 12) vorstellen. Die Dramaturgie dieser Verse könnte einen sogar an das bekannte Lied des Berliner Volkssängers Otto Reuter erinnern, in dem ein Maurer einen ganzen Vormittag lang vom Maurern abgehalten wird, durch ähnliche Hemmnisse, ehe er, kurz vor Mittag, den ersten Ziegel endlich in seiner Hand hat – um ihn gleich wieder fallen zu lassen, da die Glocke zum Mittag schlägt. Der Vergleich mag allzu weit hergeholt sein, dennoch macht er indirekt auf einen wichtigen Grundsatz fürs Henselsche Gedichteschreiben aufmerksam: Poesie müsse erdverbunden bleiben, mit dem Gewöhnlichen. Die Autorin wird zu ihrer Arbeit Distanz haben wie zu sich selber dabei und sich auf ihre Skepsis verlassen können, wenn auch sie einmal »hohe Gefühle« (Gefahren fürs erfolgreiche Gedichteschreiben ganz anderer Art) ergreifen sollten.

Im zweiten Text 'Fünf Gesänge' (*S*, 46–57) beschreibt Hensel, wovon und wie sie »singen« möchte. Die fünf Überschriften deuten beides an, sie enthalten die Leitbegriffe Worte, Alleinsein, Lust, Zelt, Aussichten. Gewiss, das sind nur recht vage Hinweise auf eine vielfältige Thematik, auch sind die Grenzen zwischen den Bereichen recht fließend. Immerhin ist im ersten Gesang mehr von der Tonart die Rede, im letzten mehr vom Stoff, dem Leben, der Zukunft. Doch das, was in dem Band untergründig fast immer da ist, ein anonymes Du, wird in den Überschriften nicht erwähnt.

Lehrpfade

Lehrpfade führen in einem Dutzend von Versuchen zu den »Arrivierten«. Es sind nicht nur Lyriker, die erreicht werden sollen (so Platonow, Laclos), auch zwei Maler (Vogel und Mossner), doch haben jene die größere Anziehungskraft. Gerade dadurch erwächst eine andere Gefahr, die in den 'Fünf Gesängen' im voraus gesehen wird: »Worte [. . .] Worthaufen: Besichtigungen arrivierter Lyriker, Lehrpfad / Begehen auf eigene Gefahr Leer-Worte, ziseliert« ('Fünf Gesänge', *S*, 47).

Deutliche Sympathie hat Hensel für Jandl, ihm kann man mit einer gewissen Lässigkeit in seiner Art die nötige Reverenz erweisen, vom beginnenden »ja« über »ja jan«, übers »landlandlandl« bis zum abschließenden bekennenden »ja JANDL« ('Ja', *S*, 72). Die (allzu große?) Ehrerbietung für Heiner Müller: ist sie der Grund, dass in den vier Zeilen 'Auch Minsk' (*S*, 123) die Grenze von Manier zum Stil nicht überschritten werden kann? Eine gewisse Unsicherheit bei Becher, dem man sich in drei Varianten mit raffinierten Wortspielen zu nähern versucht ('Abschied mit Becher', *S*, 71).

Bei Ingeborg Bachmann, Brecht und Inge Müller aber muss man länger anhalten. Hier scheint Hensel am ersehnten Ziel. Brecht: Ihm nähert man sich recht forsch. Hensel dreht das Beispiel des Meisters (*Die Maske des Bösen*) einfach um, erkennt dabei wohl gar nicht die Gefahr, die sich schon in der Überschrift zeigt: 'Die Maske des Guten oder weitere Beratung' (*S*, 70). Tatsächlich braucht Hensel statt der 28 Worte bei Brecht nun 62, mehr als das Doppelte. Das Epigrammatische wird aufgeweicht, indem eine neue Figur (der Besucher) und eine äußere dramatische Situation (Das Massaker von G.) ins Spiel gebracht werden müssen, um zu einem entsprechenden dialektischen (Brechtschen) Schluss zurückzukommen. Doch mit Inge Müller ('Für Inge Müller', *S*, 67) trifft Hensel eine nahe Verwandte, so weit auch ihre Biografien von einander entfernt sind. Das versteckte Du ist ein verbindendes Glied (»Warum schaffen nicht mal wir zwei / uns zu lieben«), vielleicht auch die Schlusszeilen (»Für mich ists / zu spät«), auch wenn die Jüngere weiß, dass ihre Position dies leicht immer noch zur Phrase werden lassen könnte: »Nie, daß ich wirklich / blutete oder wirklich Blut sah« ('Fünf Gesänge', *S*, 52). Doch es gibt noch ein zweites, was verbindet: »Schutt Steine und Gras, das wächst über das [. . .]« ('Für Inge Müller', *S*, 67) – ein Thema, das wir in vielen Varianten finden, ja selbst der »Mörtel im Hals« (*S*, 67) gehört hierher, ein schrecklich reales Detail bei der durch die Bomben im Krieg verschütteten Müller – für Hensel dafür immer wieder der Stau der Worte, die beunruhigende Nähe, genug, um diese nicht ganz vollendeten Verse zum Abschluss zu bringen.

Freunde
Auf sie setzt Hensel alle Hoffnung, bei ihnen wird sie Trost finden
gegen allen Liebesschmerz, gegen alles Alleinsein. Diese Freunde:
»Das freilich ist wirklich Aussicht: Freunde« (und nun alle
großgeschrieben): »TAMARA, MÄXI, GRIECHE, KNABE UND
DU« ('Fünf Gesänge', *S*, 54) – dieses DU, das hier eingereiht wird
zu den anderen, keinen Sonderstatus hat, für den Augenblick eben.
Es sind gewöhnliche Leute, sie gehören nicht zu denen, die jetzt
hier im Scheinwerferlicht stehen, in den fremden Journalen, in den
heimischen Geheimprotokollen. Tamara hat mit Hensels Gedichten
nichts im Sinn: »Deine Gesänge«, sagt sie, »Theater der Eitelkeit«
und »der Knabe bei mir, dem ich die Lust lehr, der, weich von der
/ Schulbank, mit brüchiger Stimme noch ruft: Ich bin / ein Mann!«
(*S*, 50).
      In den Gedichten kann sich solche Selbstgewissheit nicht immer
halten. »Bei G.« brüllt »schon das Herz an der Tür« ('Wohnen', *S*,
36) doch bald tropft das Plast von der Lampe »auf die seitenweise
/ beklagenden Versuche zu dichten« und der Schmerz, aus vielen
Gründen, kann nur übertönt werden durch ein neu aufflackerndes
Lachen. Und wenn es gar zu einem 'Gesellschaftsabend' (*S*, 42)
kommen kann beim Talk (»Wie Granatäpfel öffnen sich unsere
Worte«), dann ist der Schluss noch sarkastischer: »drei Stunden
geredet über Revolution« (während sich eben die Geschichte, die
kleine hier und die große draußen ändert): Nach dem
beiderseitigen Blick »zwischen die Schenkel« »befinden wir uns in
umwälzender Veränderung« (*S*, 42).
      Erst dann »Bei mir« ('Wohnen', *S*, 37) zu Hause kann man sich
mit solchem Sarkasmus nicht mehr hinweglügen (»geb ich mich
vollkommen / sicher ist sich hier keiner«). Der Zeilensprung macht
das Unvereinbare deutlich, nun treffen die Worte die Lage:
»einsames Theater« wird gespielt und erst »wenn ich einschlafe
mit / meinem zartwarmen Sohn«, kommt das Ich zu sich selbst.
      Dieser Tisch mit den Freunden, mit »Wein [. . .] und ein Faß
saure Gurken« ('Fünf Gesänge', *S*, 55) ist schnell verwaist. Im
Berlin dieser Tage ist immer jemand plötzlich verschwunden:
»*AUSLAND* denkt jemand. [. . .] Und morgen geht er vielleicht für
immer, vielleicht gegen uns geht er« ('Fünf Gesänge', *S*, 52) oder,
wirklich endgültig, wie in 'Für meine selbstgemordeten Freunde'
(*S*, 35), deren Schmerz ja nicht wahrgenommen werden konnte in
ihren »paar Zeilen« oder ihrem »Gitarrspiel vorm Müll«. »Unfähig

der winzigsten Trauer«, tarnt sich die Dichterin in ihrem hellen
Zorn noch mit bösem Schimpf:»Hat euch das Herz geklappert
vorm Heim / weh nach dem alten / Schuppen [. . .] oder branntet
ihr / einfach aus?« (*S*, 35). Sie weiß um»dieses schadhafte Schwarz
der Gäste«, vielleicht auch einer der Gründe für die augen-
blickliche Unfähigkeit zur winzigsten Trauer, doch das ist nicht die
ganze Wahrheit. So muss auch das Gedicht am Ende Fragment
bleiben.»Ich will dieses Gedicht / noch voll / enden« (*S*, 35).

Du
Schon vorher war von diesem Du immer die Rede, auf den
»Lehrpfaden« ebenso wie unter den»Freunden«. Doch nun tritt es
in die Öffentlichkeit eigener Gedichte. Von ihm, dem Du, ist jetzt
immer die Rede, ausschließlich von ihm, so scheint es jedenfalls.
Gut, dass man in der Art, wie Hensel von ihrer Liebe spricht, gar
nicht auf den Gedanken kommt, wissen zu wollen, wer dieses Du
»in Wirklichkeit« sein könnte. Die Intimität ist eine Voraussetzung
für Substanz der Verse. Das Glück freilich lässt sich in ihnen nie
festhalten. So ist das Resümee einer 'Hochmoorsommernachts-
traumreise' (*S*, 103), die mit allen Hoffungen begonnen hat:»Wir
sind am Ende unserer Reise, / hier wo der Augenblick gerinnt zum
Glück / und wo das Glück vergeht im Augenblick–«. Deshalb ist
bis zu solch abrupten Schluss immerhin vorher von manchem
Glück die Rede, oft in einer merkwürdigen Natur, einer eigenen
Hensel-Welt, die sich nicht zum bloßen Symbolismus (für Gefühle
etwa) reduzieren lässt, sondern ihre Autonomie bewahrt.»Ver-
wunschen«, das wäre dafür ein zu vages, konventionelles Attribut.
Nicht ganz geheuer ist es dort schon, ohne zum»Dämonischen« zu
werden.»Geil und waffenlos und traumtrunken« ('Garten', *S*, 99) –
auch diese Beschreibung der Dichterin reicht dafür nicht aus.
Beispiele also: Der Wald gefickt und starr . . . hängt er über den
beiden, die Pflanzen rauchen und krachen, wie der gelbgereifte
Bovist, die Mofetten gieren nach den Knöcheln,»die betagten
Farne stehen grau Spalier«.[1]
    Doch im Sonett reduzieren sich solche transformierten Realien,
verschmelzen mit der dominierenden Reflexion. So in dem 'Sonett'
(*S*, 81) besonders, das wohl durch die ausdrückliche Nennung als
Titel ein Exemplum sein soll. Beispiele für diese Beobachtung
finden sich hierin:»Das Meer ist alt / wir müssen leise sein« –
oder:»wir fallen müde auf den flachen Strand. / Wozu, mein
Freund, soll ich mich leichter machen«. Das Sonett, in heutiger

Lyrik selten, benutzt Hensel gern und recht routiniert, oft souverän. Sieben Sonette finden sich in dem Band, dazu zwei Gedichte, die man als fragmentierte Sonette lesen könnte. Sogar einen ganzen Sonettenzyklus hat Hensel inzwischen geschrieben. Man findet kaum Gestelztes, Erzwungenes in der vorgegebenen, traditionellen Form, die Verse haben ihren natürlichen Fluss, auch wenn die Dichterin im Konventionellen bleibt, sich nicht im Experiment versucht. Die beiden Terzette als Beispiel: »Die Sehnsucht ist. Es wächst uns eine neue. / In keiner Zeit wird man zu spät geboren. / Ich bin bei dir und kenne keine Reue / und habe doch von meiner Liebe schon verloren. / Es ist nicht Angst, was mich zu andrem treibt – / es ist das andre, was zu fürchten bleibt« ('Sonett', *S*, 81). Wie wichtig für Hensel das Sonett werden kann, zeigt sich an einem Gegenbeispiel, dem thematisch ähnlichen, aber recht ungebundenen Gedicht 'Das Verbot'. Hier der Anfang: »Und als ich noch mal wiederkam, / ihm zu begegnen, seinem Verbot / uns zu sehen, es war der Tod / für mich um ihn und ich hörte / mich rufen / (Der Abend war wie lila Milch)« (*S*, 78). Trotz (oder vielleicht eben) wegen aller Ungebundenheit gerät der Satzbau ins Verzwickte, und es stellt sich, in der Not, eine längst tote »lyrische« Formel ein. So ist das Sonett vielleicht ein Korrektiv, wenn sich die freien Verse allzu sehr der Prosa nähern und dabei die Sache ins Unverbindliche geraten kann.

Dem dienen im gleichen Maße die kurzen Strophen, meist vierzeilig, dem Epigrammatischen ähnlich. Da ist zwar noch mehr als im Sonett die Gefahr bloßer »Gedankenlyrik« gegeben, doch Lessing hat ja demonstriert, wie bei aller Knappheit Ein-Sinnigkeit vermieden und die Sache mit »Witz« und Offenem abgeschlossen werden kann. In einem schönen Beispiel zeigt Hensel, wie dieses Offene ganz wörtlich selbst benutzt werden kann: »Als ich verreist war / kaum zu dir getroffen / da schlugen wir ein kleines / Fenster klar / und ließen alles / offen« ('Als ich verreist war', *S*, 41). In dem »Klarschlagen« liegt ja nicht nur fragliche Zukunft, sondern schon gegenwärtiges Zerbrechen.

Und dennoch, so gehört es zu einer anscheinend »logischen« Analyse von Literatur, dass das schönste Gedicht in dieser schmerzlichen, auswegslosen, dennoch ohne jede Sentimentalität stets vorgestellten Du-Beziehung eben ein dem Schein nach »ungebundenes« ist. 'Vom einfachen Gehen' (*S*, 91) ist die Rede, doch das Gedicht spricht vom Gegenteil: vom schmerzlichen

Weggehen, einem endgültigen (wie in anderen Gedichten immer wieder auch), hier ein besonderes diskretes, wortloses, das bis zuletzt aufgehalten werden möchte, die Hoffnung sich halten will, dieses Verzögern wird sichtbar an einer beiläufigen Kleinigkeit: dem Abdruck des Armes (eigentlich ja der Hand) auf der kühlen Klinke, ein Hauch, der bald verwehen wird. Dann ist man draußen »in Wind und Farn«, dort jammern die Katzen, aber sie sind auch hier drinnen, in der »dürre(n) Brust«. Gegen üblichen »Katzenjammer« wehrt sich Hensel, treibt so das entlarvende Wort wieder auseinander. Das Gedicht ist durchaus überlegt gebaut. Die beiden Bilder, das Drinnen und Draußen, je dreizeilig, äußerlich durch die Assonanz »Farn« / »Arm« verbunden. Die Erkenntnis am Schluss auch in beiden Richtungen: zum Du und zum Ich.

Draußen und Drinnen

Nach »Lehrpfade«, soll die Untersuchung noch einmal zunächst nach »Draußen« gehen, um dann im »Drinnen« zu enden. Gewiss nicht überzeugend, spielte sich doch vieles schon mit den Freunden im Drinnen und mit dem Du im Draußen ab. Doch Hensel überschreitet, wenn auch selten, die dortigen Grenzen, gerät gar unters Volk, selbst unter die Herrscher. Gelegenheit dazu ist 'Zu(sammen)kunft 1984' (*S*, 39). Die auffällige Schreibweise des Titels macht unsicher. Soll man auf Orwell kommen? Doch ein allgegenwärtiger Großer Bruder ist nicht zu entdecken. Da vorn spricht »einer«, ein Beliebiger, Beliebiges (»der Rosenkranz in HISTORISCHER Blüte«). Es ist die alljährliche Kundgebung zum Tod von Karl Liebknecht und Rosa Luxemburg, der Marsch der Partei- und Staatsspitze zu den Gräbern in Friedrichsfelde, ein Ritual, zu dessen Teilnahme das Volk verpflichtet ist. Hensel ist dabei, aber wiederum auch nicht. Der Schluss sagt es unverblümt: »Haltet an. Ich bin aus Eurer Mitte / geraten.« Die beiden Strophen vorher nennen die Gründe für die absolute Trennung von den anderen, die »sich hinterherlaufen«, die zwar »Schulter an Schulter«, aber nur mehr einfach »an Stirn« sind. Die Floskel bleibt in der Mitte stecken, wie das Halbbewusstsein der vielen, die es weder bis zur Anteilnahme noch bis zum Widerstand bringen, in stumpfer Gleichgültigkeit verharren, in der sie »Frieden oder Provianttüte« ohne weiteres zusammenbringen. Die verlangte Bekundung (für Hensel »Varieté«) geht ihnen in banales Erschrecken über. »Wir sind für . . . (Gott, wie die Nässe durchdringt!).« Der »helle Zorn« der Dichterin äußert sich dazu in dem

»Gesang von der Aussicht« ('Fünf Gesänge', S, 54) noch dras-
tischer: »Hineinfallen in das Getümmel außerhalb des
organisierten Urinierens aller Mitglieder der Gesellschaft.«[2] Man
stockt, der unvermutet krasse Ton erschreckt. Sind das die »Wut,
Wut–Wort – Worte, die hämmern« ('Fünf Gesänge', S, 46) oder
eben, wie Hensel gleich ahnen wird »Worte, die fallen, getroffen
von den weitoben ausholenden Schweigern«?

Sechzehn Jahre sind seitdem vergangen. So ist das Beispiel nur
ein weiteres Zeugnis dafür, wie bloß »Faktisches« eher vergeht als
»Fiktionales« oder nur, dass der Schrei schneller verhallt als ein
Geflüster? Im Band findet sich jedenfalls nur noch ein ähnliches
Beispiel ('Vergnügungssucht', S, 40). Wie erinnern sich die Marschierer von damals an diesen Tag? Natürlich alle verschieden, die
Mehrzahl wohl überhaupt nicht, und wenn das Gedicht sie daran
erinnert, bleiben sie gleichgültig, lächelnd, eben unverändert. Einer
Minderheit wird dagegen das Demütigende solcher oft stunden-
lang andauernden Veranstaltungen, die ja tatsächlich viel öfter im
durchnässenden Regen als im milden Sonnenschein stattfanden,
erst jetzt wieder recht bewusst. Gegen das Vergessen solcher halb
lächerlicher, halb erniedrigender Vorgänge (beschämend für die
oben und für die unten) hat Uwe Johnson damals – an die
»Kartoffelkäferkampagne« 1950 denkend – die Schriftsteller der
DDR aufgerufen, ironisch im Ton, dringlich in der Sache.[3] Hensel
hat dies wohl gehört. Heute werden die Märsche von einer
überraschend großen Menge wieder aufgenommen. Das Volk geht
nun freiwillig mit, mit Engagement, aus Trotz? Die Luxem-
burgische ganze Freiheit, für die manche damals bei diesem Anlass
ins Gefängnis mussten, ist selbstverständlich.

Doch so, wie Hensel auch im Drinnen endlich zu sich fand,
»wenn ich einschlafe mit / meinem zartwarmen Sohn«, so gibt es
diese glücklichen, wiederholbaren Augenblicke auch im Draußen.
Das alte Jahr endete noch eben wie immer »vor der endgültigen
Starre«. Das 'Gedicht zum Einstieg in ein neues Jahr' (S, 93) ist aus-
drücklich »Benjamin« gewidmet. Sturm, Wind, Erfrieren können
da nichts tun, selbst der Winter ist eine Zeit des Aufbruchs, der
Alles-Erwartung, des voll gelebten Lebens »mit gleißendem
Atem«. Doch es bleibt bei diesen zwei Gedichten. Sie gehören der
glücklichen Mutter, damit nicht im selben Maß auch der Dichterin.
Das Draußen bleibt bis zum Schluss erschreckend genug: »KOMMT
NICHT NACH« ('Selbstlose Liebe', S, 126) heißt die allerletzte Zeile
im Band, die da einer (man weiß, wer) zurückruft. Aber auch sie ist

zweideutig: das ist auch eine Warnung an sich selbst, die eben wie die Hexe durchs Dach»ausgestiegen« ist, vorher aber noch»Feuer drunter« gelegt hat. Das wird noch brennen, lange. Vielleicht aber braucht die Dichterin die Flammen, damit Drinnen und Draußen zusammenkommen. Das Gedicht, das sich so vollendet: wenn die 'Engelspuppen' (*S*, 19) im Sonett geduldig die Zeit walten lassen, die alles zur Starre bringt, Leben und Sterben eins wird, und ein Herrgott, einer droben, es bei solchem Zustand gefühllos belässt. Das Sonett, das, der Sache gemäß, sich leise kaum entfaltet und »zum Schein« ausgeht, übertönt die Wutworte gegen die Trauer, alle Marschierer, Redner, den hellen Zorn wegen der Selbstmörder, schließt selbst Ohnmacht und Schmerz in der Liebe ein zu diesem Du, in dieser Endzeit der privaten und öffentlichen Stagnation.

Als Resümé seien drei formal verschiedene Exempla vorgestellt, Muster für alle Bewegungen der Dichterin, drinnen und draußen, und das dafür passende Singen. Ob sie als solche noch gelten können in dieser ganz anderen Zeit, in ihrem ganz neuen Leben, dem privaten und dem öffentlichen, wird sich erweisen.

'Vom einfachen Gehen'

Ach, Liebe, fremde, laß die Katzen jammern
durch meine dürre Brust
in Wind und Farn:
Es bleibt
auf kühler Klinke lau ein Druck
von meinem Arm.
Kehrt' ich zurück zu dir, kämst du zu mir
zu spät.

(*S*, 91)

'Selbstlose Liebe'

Und einer ist, der liegt, der schweigt
der steigt
durchs Dach, legt Feuer drunter
KOMM NICHT NACH

(*S*, 126)

'Engelspuppen'

Das ist es, was uns zuwächst. Die Geduld
spinnt ihre fetten Fäden und es spult
uns ein die Zeit im klassischen Kokon. ...
Wir sind nicht alt, nicht jung und haben doch Fasson!
Und atmen tief, als spürn wir ein Geschlecht.
Daß wir VER-SPÜREN, das ist unser Recht!
Uns wachsen Flügel, doch wir fliegen nicht,
in den Facettenaugen bricht sich mildes Licht.
Ach, WENN wir schwebten, fieln wir nur zum Fraß
dem lieben Herrgott, der es wohl vergaß,
daß er die Hülle öffnen muß, die uns umgibt.
Er hält uns warm: Wir werden heiß geliebt.
Wir leben aus und gehen langsam ein
und sterben voll entfaltet, wie zum Schein.

(S, 19)

Anmerkungen

[1] In einer Art Fußnote zu ihrer Poetik beschreibt Hensel in ihrem
'Garten *(eine Metamorphose)'*, (S, 99) diesen Zustand näher, einen von
rätselhaftem Widerspruch zwischen Trunkenheit und Angst:
Heckenrosen umarmen, »hinterrücks Gladiolen-Lanzen schlagen mich«,
das steigert sich bis zu »Luftsprünge, stürze, eine blutige Zunge/ von
meiner Angst – das Tor / verrammelt [. . .] Pappel-Schnee auf den
Lippen / und die Augen lindig-verklebt. / In diesem mächtigen Sommer
/ knallend von Farben und Lust«. Vielleicht sollte man nicht nur an
Psychologie denken, sondern auch an Verführung durch Sprache.
[2] Von heute aus kaum erklärbar, dass der Verlag, dessen Leiter
jahrelang zu den obersten Zensoren gehörte, das alles passieren ließ.
[3] »Ende September begannen die Schüler der Elf A Zwei die Furchen
der Kartoffeläcker von Gneez abzuschreiten, den Kopf suchend gesenkt,
doryphora decemlineata zu entdecken, Butter auf dem Kopf, weil sie sich
genierten, für eine Staatsmacht, die ihnen zumutete, an solche
Agrarattacken zu glauben und es zu bezeugen durch die freudige Tat. Ein
ganzes Buch müßtest du schreiben, 'Genosse Schriftsteller', diese
Nachmittage angehend, so unendlich lange waren die, so infinitesimal
drehte die Erde sich gegen die Sonne in eine östliche Kurve.' Uwe
Johnson, *Jahrestage. Aus dem Leben der Gesine Cresspahl* (Frankfurt am Main,
Suhrkamp, 1983), Bd. 4, 1726.

6

'Wie ein Festmahl nach langer Hungerszeit': Don Juan and Desire in 'Herr Johannes'

LYN MARVEN

Don Juan, according to the list kept by his servant Leporello in Mozart's and Da Ponte's opera, *Don Giovanni* (1787), seduced a total of 231 women in Germany – a number long since exceeded by the number of Don Juan versions in German.[1] Don Juan clearly remains 'der große Verführer, [. . .] ein solcher freilich, der nicht Körper oder Herzen, sondern nach sublim(iert)er Lust strebende Intellekte in seinen Bann schlägt'.[2] He continues to seduce (predominately male) authors because of his inscrutability and mutability: Juan defies definitive interpretation; as a perennial type, his every new incarnation reflects contemporary cultural values. Kerstin Hensel, one of the few women writers to have taken up the Don Juan myth, has written three pieces which deal with different aspects of the figure: a prose text, 'Herr Johannes', an essay, 'Abschied von Don Juan', and a poem, 'Monolog des Herrn Johannes'.[3] The essay presents a modern, psychoanalytic inter-pretation of Don Juan. It forms a theoretical complement to the prose text, a bawdy tale full of allusions to the former GDR, which depicts the destructive effect of the appearance of an elusive Don Juan figure in a historical city. The poem gives a voice to this 'Herr Johannes', a resigned, contemplative character who questions his own role and raises the problem of interpreting Juan's actions, musing, 'Wie liebe ich! Wer wills verstehen' (*A*, 16). Central to an interpretation of Juan's actions is the notion of desire, and in the following I will trace configurations and representations of desire surrounding Hensel's Don Juan figures, focusing mainly on the text of 'Herr Johannes'.

Two aspects of Juan's relation to desire are of particular interest here: how he functions within the text as the nexus of specific desires, and how desire is represented on the level of narrative. French literary critic Camille Dumoulié understands Don Juan's function as that of a 'vector of desire': he is the means by which desire acts and the medium by which it is transmitted.[4] This is not to say that Don Juan merely stands for desire *per se*, rather, it describes his function within society and the literary work, and characterizes him as subject to forces greater than his own individual desire. These forces are necessarily social in nature: desire is a collective energy. Don Juan's impersonality makes him into the place where all individual desires resonate, whether for vengeance, power or order, and the protagonists are themselves so many resonance chambers where the increasingly distant echo of his desire reverberates.[5]

Desire speaks through Juan: his success is not due to seductive rhetoric, rather, 'the very force of his desire makes him desirable, is seductive'.[6] Feminist critic Shoshana Felman takes a different view, proposing not Juan himself but language as the medium of desire.[7] For Felman, Don Juan represents the intersection of the erotic and the linguistic; the manipulation of language is central to Juan's technique:

> The desire of a Don Juan is thus at once desire for desire and desire for language; a desire that desires *itself* and that desires its own language. Speech is the true realm of eroticism, and not simply a means of access to this realm.[8]

Juan expresses desire not just through but *in* language; it is not only the content but also the structures of his speech which seduce. Juan's conception of language as a tool of seduction is subversive: language is not a medium of truth, but is judged solely by the efficacy of its performance. Juan, who breaks promises which nonetheless achieve their unspoken aim of seduction, is thus associated with linguistic ambiguity. Dumoulié's and Felman's opposing views can be applied respectively to the content and narrative of Hensel's 'Herr Johannes'. Dumoulié's theory lends itself to a structural analysis of the fictive setting and plot, and is reflected in the figure of Herr Johannes, who represents Juan as the focus of social desires. As Dumoulié's reference to Juan as the 'vector of desire' implies, desire is an illness, a metaphor played upon within Hensel's text; it is contagious. The excesses of this uncontrollable, insatiable and impersonal desire find expression through the metaphor of eating and through its opposite of disgust. Felman's focus on the manifestation of desire within language is echoed in the oral narrative form and specifically in Leo, the narrator. In this view, desire is the source of the narrative impulse, and underlies both the structures of the text itself and its relation to its mythical intertext.

'Herr Johannes' was first published in *Sinn und Form* in 1987, and was included in the GDR edition of *Hallimasch*. Set in an unspecified historical city – 'In Sankt Veit könnte es gewesen sein' (HJ, 972) – the openly erotic tale concerns the chaos wreaked by a Don Juan figure who introduces the women of the city to a previously unknown sexual satisfaction. Leo, servant of the ineffectual ruler, Otmar II, notices the sudden appearance of the outsider 'Herr Johannes', and spies on him as he seduces the women one by one. Herr Johannes is eventually discovered and banished (although not before he has seduced Otmar's wife, Lucie), whereupon the women revolt. Otmar has Herr Johannes brought back, but to no avail; once unleashed, the desire of the women leads not to fulfilment, but ultimately to the destruction of the city. The tale, set within a framework narrative, is narrated by Leo, who fled the city, returning after some time to find it ruined, with only Lucie, a statue and a small child remaining. As a storm breaks out, Leo flees for a second time; he ends up in an inn, where he tells his tale in return for hospitality.

The ironic distance that Hensel's text has to the Don Juan myth is signalled by the uncommon translation of the name into German, which sounds distinctly unimpressive (if not faintly ridiculous) in comparison with its Spanish original. What's in a name? One of the earliest incarnations of Don Juan, in Tirso de Molina's *El burlador de Sevilla* (1630), refers to himself as the 'hombre sin nombre' – the man with no name.[9] It is by no means clear who the character known as 'Herr Johannes' in Hensel's text is. Indeed, he is only given that name by Leo in a self-referential aside: 'Wer war er! Wieso nannte ich ihn für mich bei einem Namen, den ich nie gekannt habe?' (HJ, 977) 'Herr Johannes' is not primarily about Herr Johannes: he is only present as reflected through Leo's narrative. Instead, the narrative centres on the city itself and the conditions which lead to Johannes's appearance; in particular, Hensel focuses on the women and the reasons for their eager reception of Johannes.[10] In her essay, Hensel writes that 'Das Schlimmste, was Juan widerfahren könnte, wäre *Norm*, also gestattet zu sein' (A, 23); 'Herr Johannes' explores the disastrous consequences of the attempt to assimilate 'das, was von der

Gesellschaft als Sünde deklariert ist' (*A*, 21), that is, Johannes and desire, into society.

Herr Johannes is a simulacrum, defined primarily through his relation to other characters. He functions as the grotesque product of society's own excesses, he is 'nicht Sieger über die Dumpfheit und Indolenz der Gesellschaft, sondern der andere unerträgliche Pol derselben' (*A*, 25), as Hensel describes Juan. Johannes embodies in the first place the fears and desires of the paranoid King Otmar. Otmar fears 'Unzufriedenheit' (HJ, 974) and the possibility of an uprising or 'irgendeine Bedrohung von Seite DERER' (HJ, 974), so he has his subjects work harder, reasoning that keeping them busy will quell any restlessness. Obsessed with what the people do at night, Otmar sends out spies to check up on them: Leo reports that, due to the hard work, the people have stopped having sex. Otmar's measures thus create the conditions for Johannes to appear; they create the gap which he fills – a man who gets up to no good at night, undermining Otmar's authority through the subversive activity of sex. Johannes is Otmar's 'andere[r], unerträgliche[r] Pol', representing in grotesque fashion that which the king had wished to repress. He counters the (sexual) dissatisfaction which the directives have inadvertently brought about, following a phenomenal work ethic of his own (Leo refers to Johannes's 'aufrührerisches Werk' (HJ, 986) and his 'arbeits-wütige[s] Werkzeug' (HJ, 985)!).[11] Johannes turns Otmar's measures back on himself: when the men of the city learn about Johannes's presence, they storm into the palace to find the king in his bed. 'Im Schlaf ist man am besten auf frischer Tat zu ertappen' (HJ, 982), Leo slyly comments, relating the men's behaviour both to Johannes's and to his own as a spy. Johannes also prefers to work on Sundays, the day of Otmar's walkabouts amongst his people, and his first conquest is even the same woman singled out for praise by Otmar in his first walkabout. The effect is much the same, too – Leo observes 'jene Röte, die die Frau Bäckerin (wie damals nach der Anerkennung meines Königs) überzog' (HJ, 979).[12] The woman's blushing is a sexual response, pointing to the link between sex and power.

The association of power and the erotic is represented in the text by Lucie, whose desires also crystallize in the figure of Johannes. Lucie is the real force behind Otmar's rule; her dissatisfaction with her husband's weakness inspires his new, stronger measures: 'Lucie war es, der er nicht König genug war. Aber sie lüftete ihm wohl nur seine eigenen, mühsam versteckten Wünsche des WIRKLICHEN Daseins' (HJ, 973), Leo suggests unconvincingly. Her dissatisfaction is also sexual, so the narrative hints: 'ein Mann, der sich wehrte und dem ein Feind zustand, war ihr das Höchste. Aber das Höchste war schon von Unmaß, das auch der Königin untersagt blieb. So litt sie heimlich' (HJ, 975). Lucie's desire for 'Unmaß' shows that she too is 'Juan-bereit' (*A*, 22): Don Juan deals in extremes and excess, and the term 'Unmaß' recurs in the text in association with Johannes, contrasted with the dully 'mäßig' behaviour of the other men. Most of all, Johannes fulfils Lucie's desire for power in her own right; their lovemaking creates a space where she can be 'die Herrscherin' (HJ, 985).[13] In the poem, 'Monolog des Herrn Johannes', Herr Johannes declares, 'Ich vergesse keine, der ich Herrschaft gab' (*A*, 16), acknowledging that the feeling of power is integral to his seductions; in 'Herr Johannes', however, individual empowerment in the extreme results in anarchy. Faced with the collapse of his rule, Otmar attempts to reassert his own power; his desperate advances cannot arouse Lucie: 'Mit unköniglicher Härte wollte er nun seine Herrschaft spüren lassen, so wie es Lucie immer gewollt hätte, den absoluten Monarchen, den Löwen auf dem Thron. Lucie nahm ihn auf, aber blieb kalt' (HJ, 990). The use of the subjunctive here underlines how Otmar continues to misunderstand and overrule Lucie's desire. Leo finds her by the city gate, her intention: 'klammheimlich diesem Ort entfliehen, der ihr keine Macht erlaubte' (HJ, 992).

Lucie is not alone in finding the patriarchal order(s) of Otmar unsatisfying. Otmar's desired calm depends upon a lack of sexual excitement – 'Man war zufrieden und immer ein wenig schlaff' (HJ, 975), Leo notes laconically – and it is the women who suffer most as their desires are ignored.[14] The king's directives, designed to bring about 'Ruhe und Wohlgesonnenheit für jedermann' (HJ, 975), lead to a lack of sexual satisfaction, as work is all-consuming: '[d]er Morgen forderte jedermann frisch' (HJ, 976). They also signal how the women are subsumed into a presumed male norm within language (jeder*mann*), reflecting the way in which the women are marginalized within the city. When Otmar organizes the search for Johannes, he appeals to the men – 'Männer! Das lösen wir. Ich werde selbst dabei sein' (HJ, 980) – drowning out the dissent of the women; after Johannes is banished, the suppression continues as husbands 'stopften ihren Weibern die Münder und wollten sie

anhalten zu frohlocken' (HJ, 986). Johannes reveals and counteracts
the fundamental gender inequality in the city. Implicitly siding
with the women (Leo similarly enjoys a status of 'Mitwisser' (HJ,
980) of the women's secret), he gives them the satisfaction their
husbands cannot give, as well as a means of recovering their
subjectivity.[15] As is often the case in Hensel's texts, the women
resort to laughter as a means of subverting the social norms which
dictate their powerlessness.[16] This laughter is linked to the sole
power the women can exercise within the system – like the women
in Aristophanes' *Lysistrata*, they withhold conjugal rights in protest
when Johannes is banished – as in Sibille's comic refusal, 'Lieber
mit dem Pferd als mit dir, Mann' (HJ, 987).[17] Leo's ironic narration,
likening sex to daily work, leaves us in no doubt as to why the
women reject their husbands' advances:

> Anfangs wollten die Männer den gewöhnlichen Rhythmus in ihre
> Frauen wieder einbringen, zwischen Glockenbaumel und Stallgeruch,
> wöchentlich, sonntäglich, die Stunde vorm Schlafengehen. Die
> Befriedigung ihrer kleinen natürlichen Lüste, die sie sonst verrichten
> wie die tägliche Arbeit, die notgedrungen sein mußte (denn noch
> immer galt das Ehegesetz und der König hielt daran ausdrücklich fest),
> wurde ihnen bald nicht mehr von den Frauen gestattet. Was war los
> mit den Frauen? (HJ, 987)

The lustless routine prescribed here is intended to regulate the
women's desire, which is seen as an illness. When Marei demands
a performance from her husband, this latter 'tat seine Pflicht, um
sie nicht zu kränken' (HJ, 987); other men, 'erschlafft und mutlos,
kamen mit vorgeschriebenem Maß, oder hießen die Frau Wasser
tragen, daß ihr Blut sich abkühle' (HJ, 988). As Sigrid Lange points
out, the text plays on the phenomenon of St Vitus's Dance:

> Benannt nach dem ursprünglich therapeutischen Heiligen, Sankt Veit
> und seines auch Johannistag genannten Feiertages [. . .] bezeichnet
> der Veitstanz eine vom 13. bis ins 17. Jahrhundert hinein nach-
> gewiesene mittelalterliche Epidemie. Ihr medizinisches Krankheitsbild
> hat unverkennbar kulturelle Konturen: 'Müßiggängern' und
> 'abenteuerliche Weibern' zugeschrieben, äußert sie sich in einem
> zwanghaften Trieb zu bacchantischen Tänzen mit ansteckender
> Wirkung – die Weltordnung geriet aus den Fugen.[18]

The condition reflected (the disruption of) social norms.[19] Women's disorderly sexuality was reinscribed as a medical condition and pathologized as a lack of control over their own bodies (again denying them subjectivity). However, in 'Herr Johannes' it is not just the women's desire which is 'sick', the men are also infected: they too lose control of their limbs, becoming incredibly accident-prone when deprived of their conjugal rights.[20] More hysterical than organic, the illness which contaminates the whole populace is desire itself. Johannes in the poem expresses the ambivalent nature of desire evident in the prose text, asking 'Bin ich der Arzt? Bin ich die Pest?' (*A*, 16): he is both healer and disease; cure and symptom are one and the same – desire.

Herr Johannes is not simply the product of society and of the desires of Otmar, Lucie and the women of Sankt Veit. Most significantly, he also carries out the desires of Leo – servant, spy, spinner of seductive tales and the figure who provides the link between desire as social configuration and as manipulation of language. Leo and Johannes have much in common: both enter into people's homes at night, and Leo, as one of the palace staff, has the prerogative of conducting affairs within its walls (although he claims not to use it). Leo is strangely complicit in Johannes's activities, feeling drawn to follow and observe him, and lying about his presence to Otmar; he refuses to join in the search for Herr Johannes – and, with only Leo left behind, Johannes enters the palace and ravishes Lucie. It is clear that Johannes functions as the alter ego of Leo, something evident in Leo's description of his duty of espionage: 'da ich nicht zur Penetranz neige, tat ich es niemals mit Gier oder setzte etwa meine Gefühle ein' (HJ, 975). The interchangeability of Don Giovanni and his servant Leporello is a motif played on in the Mozart/Da Ponte opera: in the opening scene, Leporello declares 'Voglio far il gentiluomo / E non voglio più servir' (Act I, scene 1), and they swap clothes in order for Don Giovanni to pursue Donna Elvira's maid.[21] Psychoanalyst Otto Rank argues that Leporello embodies those traits and feelings (decency, fear) which Don Juan must suppress in order to be himself: they are two halves of a single personality.[22] In Hensel's text, not only does Herr Johannes carry out the suppressed desires of Leo, but this latter finally takes on the function and role of 'Herr Johannes' himself. Leo heralds Johannes's arrival with, 'doch *für mich*, den Lakaien, sollte sich bald etwas ändern' (HJ, 976, my italics), and during the course of his narrative he attests to a growing desire to emulate Johannes. When Johannes is emasculated by being officially instated within the order of things, it is Leo who assumes his mantle (or, more specifically, his hat).[23] Leo marks his transformation by seducing Lucie – a more forceful seduction, far more similar to the Don Juan of lore than (the previous) Herr Johannes – an action which links him not only with Johannes, but also with Otmar.[24] As he leaves Sankt Veit, Leo comes across Lucie, herself attempting to flee, and,

> [d]a spürte ich es das erste Mal an mir selbst. Der heftige Drang überkam mich, sie zu retten. [. . .] Da trieb ich mich lachend in die Königin und fühlte unsagbare Wonne, oder war es derselbe Ekel, den ich immer beim ANBLICK jenes Geschäfts empfand: Ausbruch erzeugen. (HJ, 992–3)

Leo's complete transformation into Herr Johannes is indicated by his submission to a 'heftigen Drang', to a force (desire) beyond his control.

Reflecting on the chaos he causes, Herr Johannes, in the poem, wonders, 'Will ich den Appetit, doch schaff den Hunger?' (*A*, 16). The difference in degree between hunger and appetite is precisely that between need and demand, which creates desire, according to Lacan.[25] Eating is a central metaphor for desire in the Don Juan myth. For Don Giovanni, the seduction of women is a more sublime form of nourishment; he exclaims, 'Lasciar le donne? [. . .] Sai ch'elle per me / Son necessarie più del pan che mangio, / Più dell'aria che spiro!' (Act II, scene 1).[26] In 'Herr Johannes', the association of sex and eating is apparent in the first seduction scene. Johannes devours several cakes before pleasuring the baker's wife amid the rising dough, as Leo reports: 'Schreie und Seufzer, die ich nie gehört habe, kamen süß von allen Seiten, es duftete gärte trieb auf' (HJ, 978). Later, the food itself becomes a repository of the woman's frustrated desire: 'Zwischen den Backtrögen stehend, buk sie eine auftreibende Sehnsucht mit ins Brot' (HJ, 987). The association is echoed in the framework narrative, in the landlady's reaction to Leo's tale: 'Die Hausherrin, welche selbst dem Weine tüchtig ergeben gewesen war, strahlte Wärme aus und wurde mehr und mehr begierig. So, als schmachte sie nach Süßem' (HJ, 984). Here both hunger and thirst indicate the woman's increasing sexual appetite, in response to the seductive narration.

Particularly interesting in the text are Leo's reactions to Johannes, which also draw on the metaphor of eating. Having witnessed Johannes's first seduction, Leo declares, 'Herr Johannes war in der Stadt, und von diesem Tag an sehnte ich mir meine abendlichen Aborderungen herbei wie ein Festmahl nach langer Hungerszeit' (HJ, 978).[27] Similarly, Leo's reactions to watching Johannes are strikingly physical – his mouth waters, his stomach turns and he frequently has to spit or vomit. Leo experiences bodily the sensation of 'Ekel', which also characterizes his encounter with Lucie, and which is the metaphysical drive behind Don Juan's actions: in her essay, Hensel sees Juan as driven by a need to overcome 'seinen ureignen Ekel, den Verdacht seiner Minderwertigkeit' (A, 24). The ambivalent, complex notion of 'Ekel' is particularly relevant to the figure of Don Juan and to the narrative of 'Herr Johannes', representing the flipside of desire. Disgust – in English, etymologically linked to eating, or rather, the desire not to eat something – is a visceral, instinctive reaction. It is characterized as, for example, the feeling of having eaten to excess: it is 'das Begehren in Zustand physischer Sattheit' and 'Übermaß'; and it is closely linked to sexual desire, where 'indem das Begehren befriedigt wird, dieses selbst in Überdruß und Ekel umschlagen kann'.[28] These two associations come together in Don Juan's 'bulimia', which is 'as much sexual as oral', according to Dumoulié.[29] Uninvited, excessive intimacy also provokes disgust: for Leo, it signals his desire to distance himself from Lucie after sex. Disgust is born of a fear of contagion, it implies criticism and judges instinctively; it is (as in Sartre's *La nausée*, in German *Der Ekel*) the experience of the absurdity and contingency of the world – hence Camus's vision of Don Juan as 'l'homme absurde'.[30] The fleeting references to an unthinking disgust in 'Herr Johannes' and in Hensel's essay are ambiguous and inconclusive, inviting the reader to construct a criticism of the social norms represented there.[31] As Konrad Paul Liessman writes of Nietzsche's Zarathustra, 'Offen bleibt, ob das Abgründigste im Denken Zarathustras der Ekel war, oder ob ihn vor diesem Abgründigen der Ekel erfaßt'; it is similarly unclear whether disgust is cause or effect of Juan's actions.[32] As a narrative motif, 'Ekel' signifies the problematic of Don Juan himself, that is, the unresolvable question of his motivation; in the text of 'Herr Johannes', it indicates that the question of motivation is a blind spot which remains, despite the change of genre from drama to prose.[33]

The oral paradigm indicated in the association of sex and eating, and implicit in the visceral experience of 'Ekel', underlies the narrative itself. Felman argues:

> one might say that the Don Juan myth is the myth of the mouth, in that the mouth is precisely *the place of mediation between language and the body*. Don Juan's mouth is not simply an organ of pleasure and appropriation, it is also the speech organ *par excellence*, indeed even the organ of seduction.[34]

Leo's oral narrative is his means of seduction; it is a result of forces beyond his control: he appears 'durch seinen inneren seltsamen aufstoßenden Drang, genötigt worden sein zu erzählen' (HJ, 972). The two impulses (sex and storytelling) are related: Leo notes that the people of the city stop telling and reading aloud stories at the same time as they stop having sex (HJ, 976). His own storytelling is thus a declaration of intent. Desire manifests itself within the narrative on two levels: in descriptions of sex and in the manipulation of tension through narrative structure. Leo is a virtuoso of innuendo, turning sex into wordplay with bawdy metaphors and thereby touching on that most erogenous of zones, the imagination. Double entendres are an exaggerated form of the irony and ambiguity which characterize the narrative. They stage one form of relation between language and desire, exploiting the pleasure of recognition and forcing the reader to think sexually. Johannes's seduction of Rosel, 'der begehrten Rittersbraut' (HJ, 979), for example, draws on chivalric metaphors, 'Frei jeden Harnisch gab er ihrs eisern' (HJ, 979); and on Christmas Eve he pays a blasphemous visit to the pastor's wife, 'die hernach den Stern von Bethlehem beschwor, geheiligt und von Wonne durch-drungen' (HJ, 980). Beth Linklater talks about Hensel's attempts to rediscover a language of sexuality and the role humour plays in her 'use of the erotic to re-view'.[35] Here the humour points up the outrage Johannes's actions provoke in their undermining of order and authority, but also counteracts it, by allowing the reader tacit enjoyment of the transgression. Furthermore, the comic incongruity of the metaphors points to the way in which female sexuality is conventionally denied within discourses of chivalry and religion; by appropriating the language for sexual innuendo, Leo subversively reinstates sex within those contexts.

The two interpretations of Juan – as desirable through the sheer force of his desire alone, and as seducing through his language of desire – are clearly reflected in the two Don Juan figures of Herr Johannes and Leo within the text. Leo's voyeuristic narrative of Johannes's exploits intends to seduce an audience of the tale, an audience which includes the reader. His narrative makes voyeurs of its audience, obscuring as much as it reveals, and tantalizing with sexual suggestion which is frequently the product of his imagination: Leo only sees the encounters he describes through clouds of dust or cracks in doors; as for his account of Otmar and Lucie, 'Ich hörte es durch den Kamin' (HJ, 990). The manipulation of tension through well-timed interruptions also contributes to the narrative's seductive appeal: Leo breaks off at key moments, deliberately leaving cliffhangers to keep his audience interested, such as, 'wie es kommen mußte, so kam es. Herr Johannes wurde gesehen' (HJ, 981). This fragmentary narrative stages a second relation between language and desire, namely the process of continual deferral which underlies the Lacanian assertion that desire behaves like a language. There can be no ultimate satisfaction, no fulfilment of desire. In a similar fashion, the reader of the text is also tantalized by the gradual seduction of the landlady by Leo, which is narrated in the intervals between Leo's episodes. This strand of narrative fails to reach a satisfactory conclusion, however, collapsing into the linguistic ambiguity associated with Don Juan:

> Die Hausherrin könnte ihm das alles geglaubt und ein wenig Sehnsucht empfunden haben. Und vielleicht hat sie die Mädchen einfach wieder hinausgeschickt und zu ihrem Gast gesagt: KOMM. Und der Gast, der sich gestärkt hat, könnte zur Antwort gegeben haben: JA. Oder, was wahrscheinlicher ist, der unmäßige Genuß an Wein hat ihn zu Boden getrieben, selig und beflügelt für den kommenden Tag. (HJ, 995)

In this, the final passage of the text, the reader is denied the consummation of the narrative strand. The use of the conditional tense builds up to a deliberately anticlimactic ending, the textual equivalent of the non-ending of Don Juan's repetitive actions. However, the use of the conditional also draws attention to the fictionality of the tale: what remains constant throughout the text is a pleasure in storytelling, something which underlies Hensel's work as a whole. Through self-conscious references to the act of composing and narrating, the narrative stages the very process of invention and delights in fiction for its own sake.

The process of deferral not only informs the structures of 'Herr Johannes', it also structures the relation of the text to its mythical intertext. The narrative clearly draws upon elements of the Don Juan myth, but it does so in a self-conscious and ironic way which both invites and then refuses comparison. Herr Johannes is the virtuoso seducer, followed by a servant who records his exploits (although Leo is not *his* servant), who insults the honour of a representative of the symbolic order (Otmar, in place of Don Gonzalo or the Commendatore) and who meets his end in the midst of a storm. However, Hensel's Don Juan type – split into Johannes and Leo – does not resemble the figure of lore: the shadowy Herr Johannes does not promise marriage to every woman he meets, nor fight duels; nor are Juan's panache and bold rhetoric entirely transferred on to Leo. Significantly, in Hensel's text Johannes himself becomes a statue; officially instated as part of the 'norm', his once subversive power is petrified. It is the ending of 'Herr Johannes' which most clearly displays Hensel's intention of writing against the myth. The punishment for transgression, the moral at the heart of the Don Juan myth, is referred to only in passing: 'schließlich hat Gott auch eine Bestimmung, und die Strafe des JETZTLEBENS war eine gerechte' (HJ, 994), Leo remarks, before quickly changing the subject. The punishment strikes Leo, not Johannes, and he is sentenced to life (to live, that is) rather than death; order is not restored, instead the whole city has been destroyed: the whole text of the myth is in fact reversed, but these radical departures are played down. Although the narrative invokes the climax of the myth, with its dramatic elements of statue and storm, these are neither centre-stage nor dramatic final scene; by now, the focus is on Leo, who turns away, and the text continues even after this (anti)climax, with the conclusion of the framework narrative. It is this level of ambiguity, the tension between confirmation and rejection, in the relation of text and its intertext which sets 'Herr Johannes' apart from Hensel's other revisions of myth and fairytale in *Hallimasch*, the polemical 'Lilit' and the satirical 'Da ward gutes Essen aufgetragen'.

Hensel's ironic take on the Don Juan myth has feminist overtones, turning the Romantic interpretation on its head: rather than depicting women as unable to match up to an impossible ideal (Donna Anna in E. T. A. Hoffmann's interpretation), her text focuses on the inadequacy of the husbands in comparison with Don Juan/Herr Johannes's sexual virtuosity; the experience nonetheless still leaves the women broken.[36] More than this, though, Hensel's text reflects the fear of female sexuality and desire in an exaggerated, grotesque representation of its destructive potential, a theme taken up in several of her texts. In particular, echoes of the Don Juan myth are present in 'Stinopel', a tale which offers two female images of Don Juan's sexual excess, in the figures of the insatiable 'Magd Konstanze', who sleeps with the entire village, and Gretel, whose pleasure is literally demonic, in the form of nightly visitations by the 'Höllenjunge Henry'.[37] The petty, materialistic village of Stinopel forms a modern, capitalist counterpart to Sankt Veit, and, like Sankt Veit, it is also destroyed when the gates of hell open. This key image of the Don Juan myth stages Juan's death in a topographical representation of the female body, as Hensel makes clear: 'Mit *Blitz* und *Donner* geht er in die sich *spaltende* Erde, die Geovagina gibt Juans Abschieds-vorstellung und nimmt ihn auf ewig' (*A*, 27). According to Bakhtin's conception of the grotesque cosmic body, however, the gaping entrance to the underworld which swallows Juan is also an image of the mouth, 'the place of mediation between language and the body', in Felman's words.[38] Again, then, we return to narrative: the repeated image is also ultimately a symbol of the exaggeration of storytelling which both 'Herr Johannes' and 'Stinopel' display. Don Juan's legacy in Hensel's work is not only that of a concern with the 'lebensnotwendigen Exzeß' (*A*, 23), which all too frequently proves destructive. Much more than this, it is also a legacy of narrative excess, the taking to extremes of characters, plot and narrative structures, a tendency Herr Johannes himself, in the 'Monolog des Herrn Johannes', sums up: 'Die Dinge laufen ungeahnte Bahnen' (*A*, 16).

Notes

[1] A recent anthology gives a conservative estimate of over 300 literary versions of the myth in German, *Don Juan: fünfzig deutschsprachige Variationen eines europäischen Mythos*, ed. Günter Helmes and Petra Hennecke (Paderborn, Igel, 1994), 432.
[2] Ibid.

³ Kerstin Hensel, 'Herr Johannes', *Sinn und Form*, 39/II (1987), 972–95; also in *H*, 126–63. 'Monolog des Herrn Johannes' [poem] and 'Abschied von Don Juan' [essay], in *A*, 16 and 18–27 respectively.
⁴ Camille Dumoulié, *Don Juan ou l'héroïsme du désir* (Paris, Presses Universitaires de France, 1993), 6. All translations are my own.
⁵ Ibid., 51.
⁶ Ibid., 30.
⁷ Shoshana Felman, *The Literary Speech Act: Don Juan with J. L. Austin, or Seduction in Two Languages*, trans. Catherine Porter (Ithaca, New York, Cornell University Press, 1983).
⁸ Ibid., 28.
⁹ Tirso de Molina, *El burlador de Sevilla y convidado de piedra*, ed. James A. Parr (Valencia, Artes Gráficas Soler, 1991), 63.
¹⁰ Hensel's focus is signalled in the woodcut illustration to the *Hallimasch* version, which portrays a shadowy Herr Johannes exiting in the background, identifiable only by his hat and coat, whereas the foreground of the print is taken up by the rotund figure of a woman.
¹¹ In a recent study, Jürgen Wertheimer refers to Don Juan as an 'optimal funktionierender Workaholic in der Welt der Erotik', *Don Juan und Blaubart: Erotische Serientäter in der Literatur* (Munich, C. H. Beck, 1999), 58.
¹² Tellingly, the description of the woman's face as 'wie mit rotem Zuckerguß [überzogen]' (HJ, 974) is echoed in the text 'Das Mittwochsmenü', in *Neunerlei*, where the male protagonist consumes 'ein rosa umzuckertes Törtchen' decorated with a 'Zuckergußrosette' (*N*, 103) which is clearly a symbol of the female genitals.
¹³ The figure of Lucie also recalls the mythical figure of Melusine, a woman with a dragon's tail based on the historical figure Marie de Lusignan, a ruler in her own right. Not only does Lucie's name echo 'Melusine', but the two share a passion for baths taken in secret (symbol of a repressed female sexuality) – and both are caught out during one such bath, Melusine being revealed as half-dragon, Lucie being found with Herr Johannes (here described as half-fish, further invoking the image of Melusine).
¹⁴ See, for example, Rosel, 'die begehrte Rittersbraut', for whom the chivalric values of the time are oppressive: 'Ihr Gatte, auf einen seiner Streifzüge ins Land verpflichtet, kam, wenn er kam, stets derart zerschlagen, daß er wohl ihrer Fürsorge, nicht aber ihrer Lust bedurfte' (HJ, 979).
¹⁵ When Leo details the men's woefully inadequate, inconsiderate lovemaking (which he refers to as 'dumpf' (HJ, 987)), he ensures that the reader also sides with the women. Here Hensel's text departs radically from Molina's, whose Don Juan functions as a form of punishment for

women who have already transgressed or rejected men, and who would be recognized by the audience as having to some extent deserved their dishonour.

[16] Cf. Birgit Dahlke, *Papierboot* (Würzburg, Königshausen & Neumann, 1997), esp. 163 and 169–70.

[17] In *Lysistrata*, the women of Athens go on strike in order to force their men to put an end to the wars they are fighting.

[18] Sigrid Lange, 'Topographische Irritationen. Frauenliteratur nach dem Ende der DDR', *Colloquia Germanica*, 27 (1994), 255–74 (here 265).

[19] In her essay, Hensel describes the women's despair and desire similarly, as driving them to 'hexischen Grenzen' (*A*, 26).

[20] It is possible to interpret the behaviour as hysterical; convulsive dancing, the sign of St Vitus's Dance, is a common symptom of hysteria. This interpretation would add weight to the social criticism of Hensel's piece: the hysteric indirectly expresses cultural discontent. Interestingly, Leo appears to experience hysterical symptoms – of blindness when watching intercourse (he claims that clouds – of sugar and flour dust, or of bubbles – obscure his vision), of (possibly self-induced) fainting when he realizes Johannes has been spotted, and of a sudden uncontrollable fit of laughter when Johannes is caught in the act of seducing Lucie.

[21] 'No, I'd rather be the master / Not a servant any more', in *Don Giovanni*, trans. Amanda and Anthony Holden (London, André Deutsch, 1987), 27.

[22] Otto Rank, *Die Don Juan-Gestalt* (Vienna, Internationaler Psychoanalytischer Verlag, 1924).

[23] Finding Herr Johannes's distinctive hat lying on the ground, Leo puts it on before leaving the city. 'Ein Mann lag am Wegrand und schien zu schlafen', he observes, 'Herr Johannes war es nicht. Es war ein alter, untätiger Mann, einer, der ein Recht auf Schlaf hatte' (HJ, 992). Thus the title passes to Leo as the former holder makes up for lost sleep.

[24] The small child whom Leo finds when he returns to the ruins of Sankt Veit could be the offspring of any of the three men, and thus also unites them; the presence of the child is one of many aspects of the text which remain tantalizingly unresolved.

[25] 'Lacan assumes a concept of desire as the *difference* or gap separating need from demand', Elizabeth Grosz, *Jacques Lacan: A Feminist Introduction* (London, New York, Routledge, 1990), 64.

[26] 'I give up women? You know that I need them just as much as I need food and drink, or the air that I breathe!', in Holden, 109.

[27] Equally applicable to the reaction of the women of the city, the phrase already contains the seeds of destruction – in 'Ritter Rosel', also in *Hallimasch*, the unexpected invitation to a feast sees the poor villagers lose

all self-control. The orgy which follows proves fatal through over-
indulgence.

[28] Konrad Paul Liessman, '"Ekel! Ekel! Ekel! – Wehe mir!"': Eine kleine
Philosophie des Abscheus', *Kursbuch* 129 (1997), 101–10 (here 102 and
109).

[29] Dumoulié, 30.

[30] Albert Camus, 'Le Don Juanisme', in *Le Mythe de Sisyphe* (Paris,
Gallimard, 1942), 97–105.

[31] 'Den Helden treibt der Ekel, ein Gefühl, für das er sich (wie für allen
Gefühlen) nicht die Zeit nimmt, seinem Ursprung nachzugehen und es zu
reflektieren', *A*, 20.

[32] Liessman, 101.

[33] As Hiltrud Gnüg argues, drama is particularly suited to treatments of
the Don Juan myth, as its unmediated form and the conventional
beginning *in medias res* (as in *El burlador de Sevilla* or *Don Giovanni*)
confronts the spectator with 'das Sprunghaft-Dynamische der Figur',
bypassing the problematic question of Don Juan's motivation: Hiltrud
Gnüg, *Don Juans theatralische Existenz: Typ und Gattung* (Munich, Fink,
1974), 29. Hensel also bypasses the question, thereby preserving the
essential mystery at the heart of Don Juan, by shifting the focus away
from Juan onto Sankt Veit, Leo and the framework narrative.

[34] Felman, 55–6, translation modified.

[35] Beth V. Linklater, *'Und immer zügelloser wird die Lust': Constructions of
Sexuality in East German Literatures* (Bern, Lang, 1998), 197.

[36] In the essay, Hensel questions whether the women's experience is
positive or negative, 'ob die Frau Erlöste oder Opfer ist' (*A*, 18).

[37] The tale was originally published as a limited edition in 1987, with
illustrations by Reinhard Minkewitz, and appears in *Neunerlei*, 134–64.

[38] See note 34, and also Mikhail Bakhtin, *Rabelais and His World*, trans.
Hélène Iswolsky (Bloomington, Indiana University Press, 1984), 325ff.

7

Fishy Tales: Kerstin Hensel, *Ulriche und Kühleborn*

MERERID PUW DAVIES

Introduction

Kerstin Hensel's cryptic prose text *Ulriche und Kühleborn* (1991) plunges its readers into the deep waters of a rich Western tradition of writing about female, watery and/or monstrous creatures, which reaches back as far as the omniscient Sirens in the twelfth book of Homer's *Odyssey* (700–750 BC),[1] and which flourishes today, for instance in the recent Disney film *The Little Mermaid*. These narratives highlight a powerful taboo on transgressing elemental boundaries, for example, from water to land.[2] But the most important boundary in mermaid tales is that separating nature and culture, for, in modern texts, the almost invariably female mermaid and her relatives embody all that is imagined to be alien to civilization. Those alien elements may include sexuality, femininity, nature, or the unconscious, symbolized by the grotesque body, for mermaids, notoriously, tend to lack a soul. Such excluded material, in the modern period, is imagined to be opposed to the abstract, implicitly masculine soul or mind, so watery women have increasingly lost power and agency in the world of culture (paralleling, for example, the ways in which new bourgeois gender ideals circumscribed women's lives in the nineteenth century).[3] Thus, when a mermaid crosses the nature/ culture divide, disaster ensues, because the very order of the world is disrupted, and punishment follows.

Ulriche und Kühleborn is better understood within the context of this narrative tradition and of some specific German-language texts to which it refers: Friedrich de la Motte Fouqué's famous Romantic novella *Undine* (1811);[4] Ingeborg Bachmann's equally celebrated response to Fouqué, *Undine geht* (1961);[5] and the obscure 'Romantische Zauberoper' *Undine* by Albert Lortzing (1845), also based on Fouqué's novella.⁶ My exploration of Hensel's intervention in this narrative tradition will not only show how her subversive poetics and use of intertextual reference work, but will lead into an analysis of *Ulriche und Kühleborn*'s account of civilization itself.

Antecedents and Intertextuality

Fouqué's novella exemplifies, and influenced, the nineteenth-century disempowerment of the watery woman, here called Undine. In a fantastical Middle Ages, the knight Huldbrand von Ringstetten falls in love with the wilful, amoral Undine. Undine is transformed by her marriage and concomitant acquisition of a soul into a paragon of Christian virtue, so that even when Huldbrand bigamously marries another woman Undine forgives him. However, Undine is unwillingly forced by the laws of her world, and her powerful uncle Fürst Kühleborn, to return to Ringstetten and kill him in retribution. But Undine's enduring forgiveness and the reunion of the couple in death is symbolized by her reappearance as a stream embracing Huldbrand's grave.

While Lortzing's opera remains largely faithful to Fouqué's plot, comic characters and sociable setpieces such as ballets and rustic tableaux are added to what, for Fouqué, was a narrative whose events were starkly isolated from society. For Lortzing, the watery spirits lose their demonic aspects; and Fouqué's uncanny tone, as well as his psychological subtlety and suspense, are lost. Most strikingly, Lortzing transforms Kühleborn from a cruel, unpredictable authority figure into a benevolent uncle, so that, instead of forcing Undine to kill her unfaithful husband Hugo (whose name has changed), he allows Hugo to join Undine in his watery kingdom, bringing about an unexpected happy ending. Interestingly, Kühleborn's generosity and Undine's love undermine the notion that because humans have souls they are morally superior beings, for it is the allegedly soulless water creatures who behave best. Kühleborn concludes ironically: 'Vernehmt's, ihr Seelenvollen, die ihr unsrer spottet – / *So rächen sich die Seelenlosen!*'⁷ Lortzing's text is remarkable, therefore, in challenging the canonical idea that transgression of symbolic boundaries will end in tragedy and punishment.⁸

In Bachmann's *Undine geht*, Fouqué's character writes back to the civilization which excluded her. In a monologue, Undine takes bitter leave of her faithless lover, here called Hans. However, just as Fouqué's Undine forgives Ringstetten, it is clear from this Undine's words too that she will always return to Hans, for the characters have a symbiotic relationship. But, in many ways, Bachmann's text differs from Fouqué's. *Undine geht* is a more ostentatiously symbolic text, making clear what is only implicit in the earlier text: that Hans is not (only) an individual character, but stands for the seductive, monstrous eternal masculine, the male ideal of Western, rational civilization. Undine may be variously interpreted here as a lover betrayed; as challenging on the part of woman the double standards of patriarchy; as the voice of persecuted nature, condemning technological rationality; or – in my view more persuasively – as an inseparable part of Hans himself, that which is marginalized from conscious subjectivity.

Undine geht became an emblematic text for earlier feminist critics due to its animation of a previously passive, silenced female character whose suffering was traditionally idealized and aestheticized. However, from a contemporary feminist point of view, *Undine geht* also appears more problematic, in seeming to reinscribe precisely those images of natural complementarity and symbiosis which have been used to establish, naturalize and preserve social and symbolic boundaries, and, concomitantly, feminine suffering and powerlessness. Similarly, although not necessarily as a feminist statement, Hensel wrote *Ulriche und Kühleborn* as an explicit challenge to what she calls the 'weinerliche Haltung' of *Undine geht*, and thereby, implicitly, the whole Undine tradition.[9] Thus, it is significant that the first gravestone which Hensel's stonemason protagonist Ulriche makes is inscribed 'I. Meerfrau' (*UK*, 13): she is burying Undine.[10]

Ulriche und Kühleborn involves two narrative strands. One constitutes the story of Ulriche, a young woman who learns the unfeminine trade of stonemasonry and rejects the conventional expectation of marriage. Consequently, she is persecuted, excluded, driven to increasing despair and desperate behaviour by her community, and finally attempts suicide.[11] The text also tells of Fürst Kühleborn's desire for Ulriche. Kühleborn is the ruler of a mysterious elemental kingdom, perhaps the underwater kingdom of Fouqué, and he wants Ulriche because she is called 'die Seelenreiche'. That is, she seems, in a reversal of the traditional narrative, to be in possession of a soul. Ulriche initially rejects Kühleborn, then seems highly ambivalent towards him. Kühleborn turns the summer to winter and Ulriche takes refuge under the ice in a pond. In other words, Ulriche and Kühleborn exchange elements, so that the human woman becomes 'fischig' and the inhuman male 'MÄNNSCHLICH' (*UK*, 5). In the second narrative strand, which in chronological terms follows the first, but is interpolated within it, Kühleborn tries to persuade or force Ulriche to leave the pond. Finally he fishes her out, they join hands and life returns to the water.

To readers familiar with *Undine geht*, the relationship between that text and *Ulriche und Kühleborn* at first sight appears to be one of consistent, symmetrical reversal. For instance, like Undine, Ulriche lives under water; she has a suitor from another world from whom she is separated and an ex-lover called Hans; and she is excluded from society. However, in a reversal of the tradition to which Bachmann refers, Ulriche has qualities usually associated with male characters, for her proper environment is society, she is human, has a soul, is active, learns a trade and initiates a sexual encounter with a passive man. As a stonemason, she is located not in nature but in culture, is in control of language and technology, and makes culturally significant memorials; and, while tradition-ally in Undine tales the human protagonist is male, desired by more than one female character, here, the central subject is Ulriche, pursued by a group of male figures. The monstrous characteriza-tion of the lovers is reversed, for, while Hans was an 'Ungeheuer' to Undine, here, Ulriche is a 'Muräne' to Kühleborn (*UK*, 5). *Ulriche und Kühleborn* starts by alluding to the end of *Undine geht* and ends by alluding to its opening. *Undine geht* ends with Undine underwater and Hans above; and the opening of *Ulriche und Kühleborn* is narrated from Kühleborn's point of view above the water, seeking Ulriche beneath it. It is unclear who speaks the final words of Bachmann's text; and Hensel's text opens with a sentence also spoken in the first person, by a speaker who cannot at first be identified, but is retrospectively identifiable as Ulriche. Thus, Hensel's text demonstratively cites Bachmann's genre, the mono-logue of a female character, before, equally demonstratively, abandoning it; and, in *Ulriche und Kühleborn*, Kühleborn's yearning calls to Ulriche punctuate the text, so that the speaking, longing voice heard most often has moved from being feminine, through the uncertainty as to who is speaking at the end of *Undine geht* and the opening of *Ulriche und Kühleborn*, to a definite identification with the male character.

In line with that pattern of reversal, Hensel's final passages echo Bachmann's opening. At the end of *Ulriche und Kühleborn*, Ulriche is called by the suitor she rejected 'Du Ungeheuer mit dem Namen Ulriche!' (*UK*, 51) in a way which recalls the opening of *Undine geht*, where the rejected Undine calls her lover 'Du Ungeheuer mit dem Namen Hans!'[12] Also, at the end of *Ulriche und Kühleborn*, the rejected suitor says that Ulriche 'wird wiederkommen und wieder JA sagen und DU und JA' (*UK*, 51), another reprise of words from early in Bachmann's text.[13] The closing words, 'Mein Fürst', are Ulriche's (*UK*, 52), so that the end of Hensel's text reflects its own opening too, and therefore the end of Bachmann's, by restoring Ulriche's voice; but, in another reversal, Hensel makes Ulriche take up words first spoken by Kühleborn.

Such reversals of elements from *Undine geht* in *Ulriche und Kühleborn* generate in the reader an expectation of a comparatively simple, binary relationship of opposition and symmetry between Bachmann's and Hensel's texts. But, in fact, the relationship between the two texts is more complex, and apparently neat reflections and polarities are disturbed. Thus, expectations of symmetry are simultaneously established by such correspondences as those enumerated above and frustrated.

While in some cases motifs from Bachmann are cited in a recognizable way, albeit reversed, in other cases they undergo odd deviations and shifts, for instance, the way in which Hans in *Undine geht* is displaced by three male characters, none of whom resemble either him or Undine, and to whom some of Undine's words seem to be rather randomly distributed. Similarly, the fact that the world of the text seems not to have the clearly identifiable contours of the world in *Undine geht*, for instance, in the way in which the characters seem able to exchange environments at will, works against the establishment of any clear and consistent binary relationship between the texts; and, as Birgit Dahlke points out, the narrative perspective in *Ulriche und Kühleborn* shifts through different modes and perspectives, which include the ironic, comic and grotesque as well as the emotional and elegaic. That is, the text is stylistically more hybrid than Bachmann's monologic work, thus frustrating, again, expectations of a clear duality.[14]

However, the most important element confounding expectations of symmetry between Hensel's and Bachmann's texts is the way in which citations from *Undine geht* have to compete in *Ulriche und Kühleborn* with references to Lortzing's *Undine*. *Ulriche und*

Kühleborn refers to Lortzing's *Undine* in several ways, and, as with the references to *Undine geht*, there are both apparent similarities and disorienting discrepancies. Most notably, the names of some major characters from Lortzing's opera are preserved, namely Hugo, Hans and Kühleborn. Hugo is the errant husband in the opera and the man who wishes to marry Ulriche in Hensel's text. The name Hans recalls both the beloved of Bachmann's *Undine geht* and a character added to Fouqué's material by Lortzing. The audience learns that in his youth Hans was a womanizer, but he has now devoted himself to drinking. This lifestory resembles that of Hensel's Hans, who withdraws from his relationship with Ulriche and drinks excessively.

However, in other respects, Hensel's borrowings from Lortzing's text deviate from it, so that, for instance, familiar names are redistributed among characters and roles, generating incongruities. Hensel's Hugo has no aristocratic dash, but is a gawky, ridiculous functionary of Kühleborn's court, whom Ulriche seduces once and refuses to marry. Kühleborn mutates from a benign father-figure presiding over the plot's complications and the happy ending to a sometimes threatening lover who seems not to be in control of his kingdom. Furthermore, that mutation from father-figure to lover imbues his role with an uneasy subtext about the possible abuse of emotional power. Finally, Lortzing's Hans is a *Kellermeister*, a stock comedy figure apparently added to the plot for light relief, exemplified in the trivial setpiece of his drinking song. But the minor, unromantic character Hans and his biography, schematically and formulaically illuminated in the drinking song, are elevated to a major role in *Ulriche und Kühleborn*. In addition, in alluding to characters and motifs in Lortzing's *Undine*, *Ulriche und Kühleborn* also indirectly cites Fouqué's *Undine*, a text more likely to be familiar to readers. Misunderstandings arising from this very possible *quid pro quo* will also play havoc with the reader's expectations.

In addition to generating such incongruities, the allusions to Lortzing and Bachmann can be said to interfere with one another. A notable instance is the use of the name Hans, a heroic, if deeply flawed figure in *Undine geht*, but a drunken ne'er-do-well in the opera. The clash of these two different legacies in *Ulriche und Kühleborn* makes for a disorienting effect in the later text. There is also intertextual interference between the genres used by Lortzing and Bachmann and cited by Hensel. Bachmann's text is tragic and elegaic, whereas Lortzing's is light and comic; and, while Hensel has suggested that *Ulriche und Kühleborn* opposes the tragic tone of *Undine geht* with a 'komische Weltsicht', the interference between the tragic and comic intertexts in fact generates a more uneasy tone.[15] On the one hand, *Ulriche und Kühleborn* involves elements traditionally associated with comedy, such as the stock character Hans; the apparently happy ending; the closing pathetic fallacy whereby the world appears to reawaken from winter; and elements of farce and slapstick, for instance, in the passage where Kühleborn attempts to fish Ulriche from the water and falls on the ice. On the other hand, however, such comedic elements are super-imposed onto the tragic background invoked by references to *Undine geht*.

In fact, *Ulriche und Kühleborn* presents a dystopian world of failed relationships, prejudice and ruin. Thus the uniting of Ulriche and Kühleborn is at best equivocal, for, throughout, Kühleborn's attitude towards Ulriche is possessive and objectifying, 'An ihr wollte er den Besitz einer Seele studieren' (*UK*, 22), even sublim-inally violent. When he does finally hook Ulriche, the description of her as 'der Fang' (*UK*, 52) robs her of both gender and agency, echoing Bachmann's Undine's self-identification with that great literary catch, Hermann Melville's Moby Dick: 'Hat mein Blut geschmeckt [. . .] nach dem Blut des weißen Wales?'[16] Therefore, Hensel's 'komische Weltsicht' is not simply funny. Rather, the function of such comedic devices as slapstick here is to generate incongruity and ironically illuminate a suffering world.

The use of intertextual reference in *Ulriche und Kühleborn* is, therefore, complex and disorienting. On the one hand, references to the text's literary antecedents are too clear to miss, but, on the other, those references unsettle the reader by their incongruity, or by the interference between them. Thus, while both Bachmann's and Lortzing's texts, in different ways, provide reversed mirror images of Fouqué's novella, Hensel's work shifts, magnifies, distorts and alters material from its intertextual antecedents.

Art and Work

The disconcerting generic hybridity of this text, which hovers between violence, implicit tragedy and dark comedy, is thematized in its physical appearance. While Bachmann's and Lortzing's texts incorporate their borrowings from Fouqué seamlessly, *Ulriche und Kühleborn* stresses its heterogeneous texture by foregrounding its quotations from other sources, visually and linguistically. One instance is the ostentatious quotation from *Undine geht*; another is the use of familiar names, such as Kühleborn. Elsewhere, quotations from still other texts are inserted and indented in *Ulriche und Kühleborn* (*UK*, 41). That is, Hensel emphasizes the process of textual construction by not masking the traces and joins it has left. That emphasis on the physical aspects of art is felt too in the frequent capitalization and an unusual font called 'Royal-Grotesk'. These features draw attention to themselves visually, over and above the meanings they convey; and the distinctive typeface is described as a 'Megaphon' for Hensel's writing, an image invoking strident aural effects in which the physical instrument of the sound production is foregrounded, not erased (*UK*, 54). Such elements challenge the convention of making the physicality of literature – the physical object of the book and its technologies, as well as the aural qualities of language – seem unimportant, invisible or inaudible in order to privilege a more abstract ideal.

This unconventional aesthetics matters, for the watery realm of the Undine tales in the modern period is often thought to represent art,[17] which, like nature and woman, has been imagined as a polarized opposite to what the sociologist Max Weber termed 'die Entzauberung der Welt'.[18] This view is evident in such works on art and culture as Theodor W. Adorno's and Max Horkheimer's *Dialektik der Aufklärung* (1947), in which the Sirens are described as being reduced to art.[19] This notion informs *Undine geht* too, for Bachmann, quoting Georg Büchner, described Undine as 'die Kunst, ach, die Kunst', that is, the voice of art which seeks to reach and move a disenchanted world.[20] The type of art represented by Bachmann's Undine is highly abstract and idealized. For example, she is associated with auratic 'geisterhafte Musik' which seems to have no origin or musician.[21]

By contrast, Ulriche is an opera lover. Descriptions of music in *Ulriche und Kühleborn* emphasize its physical production. For example, the verb used of the arias sung for her by her lovers is 'schnarren' (*UK*, 14), which alludes to the physicality of the voice. The description of a magical opera which Ulriche conjures up includes that of the instruments and performers and the work of playing, recalling the original meaning of the Italian term 'opera', derived from the Latin 'opus': that is, a 'work'. Similarly, Ulriche herself is an artist of a very physical type. She creates applied art, and the text's focus is on the materials and work which go into the production of the monuments, not the resulting monuments themselves, which, seen alone, might appear divorced from human handiwork. Therefore, the form of Hensel's text and its evocations of art emphasize process and production, demystifying the auratic, timeless view of art represented by *Undine geht*.

The poetics of *Ulriche und Kühleborn* deviates from the classical standards of *Undine geht* in another way too. Both texts are extraordinary linguistic events, but while Bachmann's maintains a high, unbroken lyrical tone and clarity, Hensel's language stresses unconventional registers, as in the frequent use of scientific vocabulary describing geology and pond life. When Ulriche is first described, she is to Kühleborn's mind a 'Muräne [. . .] tiefgrau mit Giftdrüsen an der Gaumenschleimhaut' (*UK*, 5). To describe Ulriche so precisely as a poisonous eel is far removed from the traditional, beautiful, but vague image of Undine. The 'Tümpel' (*UK*, 5) in which Ulriche is hiding is a citation from Undine's monologue.[22] But, of all her habitats Undine mentions, the pond is the least sublime, and here it is deprived of Bachmann's adjective 'zaubrisch'. In other words, the vocabulary and imagery in Hensel's text undergo a transition from the beautiful and idealized to the scientific, bizarre or grotesque, shifting from traditional aesthetics to a poetics of the material, the physical, even the abject. The protagonist's very name hints at such registers. In contrast to the appealing name 'Undine', meaning 'little wave', Jacob and Wilhelm Grimm's *Deutsches Wörterbuch* says about a now obsolete usage of the name Ulrich: 'ULRICH: in gewissen verbalen verbindungen mit der bedeutung "sich erbrechen" wird der name schallmalend verwandt.'[23]

Thus, Hensel's changes in emphasis suggest a different poetics from that familiar from German literature: one which emphasizes artistic work, is constantly in process and includes elements traditionally considered alien to art. And the account of civilization given in *Ulriche und Kühleborn*, too, is unconventional.

Civilization, Atrocity and Memory

As suggested above, the Western narrative tradition concerning watery and/or monstrous women may be read as an account of civilization and its constitution, since it involves the question of where the boundaries of culture lie. In a classic instance, for Adorno and Horkheimer, Odysseus's triumphant encounter with

the Sirens enacts the emergence of the civilized subject, forming the
very basis of Western civilization. *Undine geht* also takes issue with
the history of civilization: Bachmann casts Hans, Odysseus-like, as
the subject of civilization and culture. Undine indicts the production of civilization as being based on sacrifice, suffering and the
exclusion of what seems to fall beyond its boundaries.

Ulriche und Kühleborn too offers nothing less than a history of the
world and of culture, since Ulriche's teacher, Metz Albert, in
addition to recording history through his monuments, is literally as
old as the hills: 'Die Tektonik aller Zeitalter war in seinem
beständigen Leib versammelt' (*UK*, 25). Albert's body represents a
geological narrative which constitutes a longer, more durable
account of the past and present than conventional historiography.
Thus, two thousand years before the main events of the text, Albert
encounters 'der Gekreuzigte' (*UK*, 10). This figure, recalling Christ
but never named as such, wants a sign made detailing his guilt, to
be nailed over his head at his crucifixion. This sign will ensure his
'schuldbeladenen, ruhmtragenden Abgang' (*UK*, 11).[24] The
portrayal of Christ as 'der nörglichte Jüngling' (*UK*, 37), maso-
chistically insisting on guilt, punishment and immortality, and
physically ineffectual and grotesque, mocks traditional representations of Christ. In contrast to traditional, redemptive and
triumphant accounts of Christian history, the crucifixion cannot
take place, since Albert is unable to fulfil the commission – possibly
because this would put him in the position of a Pontius Pilate, who
made the sign used in the biblical crucifixion. Consequently, this
particular narrative of civilization remains unresolved. This
episode therefore provides a bleak, alternative account of civilization, in which the traditional sacrifice on which Western culture is
often imagined as being grounded becomes impossible.[25] This
world is, as a result, devoid of metaphysical certainty, and seems
in many senses adrift. Humanity's putative redeemer is paralysed,
human society riddled with suffering and Kühleborn's kingdom
collapsing.

Yet, while the world of the text is no longer founded on a
metaphysically effective sacrifice, it is built over anonymous,
violent deaths in a travesty of the Christian narrative. This theme
of past atrocity, its repression and commemoration represents a
further link between *Undine geht* and *Ulriche und Kühleborn*. Since
Undine embodies the voice of art, she can generate epiphanic
moments, to make time stop and challenge forgetfulness:

Mein Gedächtnis ist unmenschlich. An alles habe ich denken müssen, an jeden Verrat und Niedrigkeit. An denselben Orten habe ich euch wiedergesehen; da schienen mir Schandorte zu sein, wo einmal helle Orte waren. [...] Eine Handvoll Wasser habe ich über die Orte gesprengt, damit sie grünen mögen wie Gräber.[26]

While Hans has suppressed the memory of the unnamed atrocities for which he is responsible, Undine is able to remind him of them. Undine's memory is 'unmenschlich', first, because it includes material normally excluded from humanity's conventional histories and memories, their distasteful, repressed and forgotten aspects; second, because the events she recalls are so terrible as to be called inhuman; and, third, because she is not subject to the forgetting which is part of Hans's very humanity. Undine brings this other history to light by scattering water on the ground; interestingly, water in the modern period is a powerful symbol of the unconscious, and considered to be antithetical to culture. Such symbolism is appropriate here since what is at stake is the retrieval of unconscious material. Thus, *Undine geht* is an alternative history of civilization, showing what Hans's historiography omits as well as hinting that civilization is of necessity based on suffering, exclusion and forgetting.

Kühleborn's kingdom too is plagued with evidence of past wars, corpses which keep pushing up through the soil, recalling the Christian resurrection of the dead at the Last Judgement. However, because Christ's sacrifice has not been made here, there is no salvation. The landscape also resembles that in *Undine geht*, in that it contains the unmarked remains of those who have died by violence or atrocity. Like Hans, Kühleborn compulsively resists this insistent return of the repressed, by attempting to cover the bodies:

[Kühleborn] hatte am letzten Krieg zu tun, da die Gefallenen in den Wiesen hochstiegen. Immer wieder immer wieder. Sie schälten sich aus dem Erdmantel, lagen obenauf, wurden vergraben und hochgespült. . . Kühleborn ebnete, ohne zum Ende zu kommen [. . .] Der Fürst hatte sein Reich und verteidigte es: Hier war nichts! Hier hat nichts stattgefunden. Hier bin nur ich, Kühleborn, der die Schrecken mindert! (*UK*, 15)

Here, too, evidence of violence lying in the ground is brought to light by water. Therefore, in both texts, a masculine authority figure has an existential need to forget trauma and is challenged by a feminine figure, for Ulriche, like Undine, is linked to the topoi of graves and water. While Ulriche does not seem to be making monuments for the war dead, she is nonetheless concerned with commemoration, because she makes gravestones.

With this detail, *Ulriche und Kühleborn* may be referring to another major post-war German text, Günter Grass's *Die Blechtrommel* (1959).[27] That novel's protagonist, Oskar, is also a stonemason, and thus records the dead. On a symbolic level, Oskar is the historian of National Socialism and its aftermath, just as in *Undine geht*, the 'Schandorte' may implicitly be sites of Nazi atrocities. These intertextual clues provide a sinister subtext to the return of the repressed in Kühleborn's kingdom in 'Mitteldeutschland'.

Yet, whereas in Bachmann's text Hans represses the past almost fully and Undine must struggle to commemorate it, in Hensel's text, Kühleborn's attempts at repression are more desperate and flawed, implying that the past will always disturb the present, and that danger lies in a failure to address that disturbance.

Ulriche's acknowledgement of death through manual work is also different from Undine's commemoration, which resides in an auratic notion of art. While the gravestones might at first resemble an oppressive narrative about the past which is literally set in stone (the kind of authoritarian, conventional historical narrative about which Bachmann, for instance, was sceptical), Hensel's text shows that the graves' narrative of the past is not petrified. Ulriche has a dynamic relationship with stone, transforming it by using her body to engrave names, and the text's focus on her work highlights the process of *producing* the script, not the finished, immutable result; and the fact that Albert is so old that he can perceive even geological history as process, not stasis, just like the fact that geological history is marked on his body, indicates that not even stone is petrified.[28] In other words, the text's focus on Ulriche's physical work and Albert's body reflects an interest not in establishing a definitive account of events but in the *process* of making cultural memory.

In Hensel's history of the world, it is no longer human memory which is the repository of history, but geology, which is greater and more durable, while also being eternally in process.[29] It is shown too how cultural memory is produced, and may be understood as process, not stasis. The work of acknowledging the past here is no longer exclusively associated with either the non-human or the feminine, for Ulriche is human and Albert is a male character.

Conclusion: On Work in Progress

While the world of this text seems dystopian, in less evident ways its stress on the motifs of work and process challenges that bleakness, through emphasis on the possibility of change. For instance, rather than being a mirror of its literary antecedents, this text is a kaleidoscope, in which, unlike in a mirror, the reconfigurative *process* by which narratives are created is foregrounded.

Thus, one consequence of *Ulriche und Kühleborn*'s use of intertextual reference is that the Undine tradition to which the text refers is not only extended and changed but, at the same time, demystified, in that it is shown how that tradition is open to mutation. Since narrative material associated with myth and *Märchen* is often thought to be timeless and universal, Hensel's text disrupts such views by intervening in that tradition; but also by bringing together texts not usually associated – Bachmann's and Lortzing's – it underlines the fact that the tradition is not monolithic. In addition, the linking of the two earlier texts in ·*Ulriche und Kühleborn* disrupts tradition by erasing the boundary between 'high' (and famous) culture (Bachmann) and 'low' (and forgotten) culture (Lortzing).[30]

Process and change are reflected in other aspects of Hensel's plot, too. Bachmann's Undine describes water as a 'Spiegel, der es mir verbietet, euch anders zu sehen', a transparent but unchanging boundary which visually fixes the reversed, complementary relationship between Undine and Hans.[31] In *Ulriche und Kühleborn*, water becomes ice, which does not mirror clearly, hides the beloved and destroys the perfect reflection and symbiosis between the two characters on either side. Ice does not provide a habitat for life, but kills creatures trapped in it. Ice makes a stronger, petrified physical barrier separating the protagonists. On the one hand, therefore, the world of Ulriche and Kühleborn seems harsher and more inflexible in its boundaries. But, on the other hand, the apparent lack of resistance in the water in *Undine geht* masks a law of nature which prohibits change. In *Ulriche und Kühleborn*, just as the protagonists can exchange habitats in ways unthinkable to Hans and Undine, the laws of nature can be altered, as in Kühleborn's transformation of summer into winter. While the ice first seems to be a more solid barrier, it is in fact capable of metamorphosis by melting; and, while it does not have the clarity of a mirror, it does not condemn those who look into it to unchanging reflections, but allows for shapeshifting.

That possibility of metamorphosis also informs the text's presentation of identity, notably gender identity. While the name Undine connotes a rich tradition of feminine images, the name Ulriche is a neologism, fusing the names Ulrich and Ulrike, and standing for the character's transgression of normal gender limits. While Bachmann represents the complexity of the human subject conservatively, in terms of two separate, traditionally gendered beings, Hensel represents that complexity within one character, suggesting that the apparently timeless, polarized gender identities imagined by the cultural tradition to which Bachmann refers are in fact contingent and open to change, even if that change is not understood by society. In other words, this text is not a naturalized fantasy about a watery woman who is the eternal opposite of culture, but, rather, it unmasks the complexity of gender identity, showing it to be a product of social norms; and, concomitantly, it traces the painful processes whereby a seemingly extra-cultural 'Other' is produced.

Similarly, Hensel's text demystifies the image of the mermaid. That image is shown to be neither romantic nor ideal, but linked to violence, the physical, the material, even to disgust. Hensel shows how mermaids are made in the very human process of social rejection and exclusion, so that they do not leave an idyllic underwater world to learn about suffering in the human world, but, rather, are the suffering product of that human world. In conclusion, then, Hensel's text emphasizes work and process: the processes which go into making finished images, landscapes, mermaids and artefacts like cultural memory, literary texts and canons, gender identity and historical narratives. While *Ulriche und Kühleborn* stresses the savagery of Ulriche's world, it holds open the possibility of change, deconstructing the apparent law of nature which traditionally kept the mermaid in her place. It is in this respect that *Ulriche und Kühleborn* appears a fishy tale in the mermaid canon.

Notes

[1] Homer, *The Odyssey*, trans. by E. V. Rieu (Harmondsworth, Penguin, 1991), 180–5.

[2] Cf. William Crisman, 'Undine', in Jack Zipes (ed.), *The Oxford Companion to Fairy Tales* (Oxford, Oxford University Press, 2000), 530.

[3] Cf., for example, Hans Christian Andersen, 'The Little Mermaid' (1837), in M. R. James (trans.), *Forty-two Stories* (London, Faber, 1968), 83–103; Franz Kafka, 'Das Schweigen der Sirenen' (1917), in Max Brod (ed.), *Hochzeits-vorbereitungen auf dem Lande und andere Prosa aus dem Nachlaß* (Frankfurt am Main, Fischer, 1983), 58–9.

[4] Friedrich de la Motte Fouqué, *Undine* (1811) (Stuttgart, Reclam, 1983).

[5] Ingeborg Bachmann, 'Undine geht', in Christine Koschel, Inge von Weidenbaum and Clemens Münster (eds.), *Werke* (Munich and Zurich, Piper, 1978), II, 253–63.

[6] Albert Lortzing, *Undine. Romantische Zauberoper in vier Aufzügen. Nach Fouqué's Erzählung frei bearbeitet* (1845) (Leipzig, Breitkopf und Härtel, n.d. [*c.* 1878]).

[7] Ibid., 45.

[8] Such unconventional features may partly account for the work's obscurity today.

[9] Birgit Dahlke, *Papierboot. Autorinnen aus der DDR – inoffiziell publiziert* (Würzburg, Königshausen & Neumann, 1997), 270.

[10] The initial 'I.' evokes such associations as the Roman figure one, suggesting the first in a line, whom Ulriche may succeed; an expression of disgust; the English first-person singular pronoun; or the initial of Bachmann's first name.

[11] Since Ulriche seeks suicide by drowning, and since water is a powerful symbol of the Unconscious, Ulriche may be seeking not only death but, more specifically, relief from consciousness.

[12] Bachmann, 'Undine geht', 253.

[13] Ibid., 253–4.

[14] Dahlke, *Papierboot*, 164–7, especially 166.

[15] Ibid., 270.

[16] Bachmann, 'Undine geht', 260.

[17] Crisman, 530.

[18] See, for example, Edith Weiller, *Max Weber und die literarische Moderne: Ambivalente Begegnungen zweier Kulturen* (Stuttgart, Metzler, 1994), 9.

[19] Theodor W. Adorno and Max Horkheimer, *Dialektik der Aufklärung* (1947), in Rolf Tiedemann (ed.), *Adorno, Gesammelte Schriften* (Frankfurt am Main, Fischer, 1997), III, 49.

[20] Ingeborg Bachmann, *Wir müssen wahre Sätze finden: Gespräche und Interviews*, ed. by Christine Koschel and Inge von Weidenbaum (Munich and Zurich, Piper, 1983), 46.

[21] Bachmann, 'Undine geht', 255.

[22] Ibid.

[23] *Deutsches Wörterbuch von Jacob und Wilhelm Grimm bearbeitet von Victor Dollmayr* (Leipzig, Hirzel, 1936), XI.2, 759.

[24] The sign is identical to that in the account of Christ's crucifixion in the Gospel of St John, 19:19–20.

[25] Cf., for example, Sigmund Freud, *Totem und Tabu* (1912–13) in Alexander Mitscherlich, Angela Richards and James Strachey (eds.), *Studienausgabe*, (Frankfurt am Main, Suhrkamp, 1975), IX, 287–444, especially 'Die infantile Wiederkehr des Totemismus', 387–444.

[26] Bachmann, 'Undine geht', 260.

[27] Günter Grass, *Die Blechtrommel* (1959) (Frankfurt am Main, Fischer, 1962).

[28] The image of pond life dying, becoming sediment and, ultimately, geology itself, also stresses the fact that even geology is process (*UK*, 7).

[29] In *Gipshut* geology again symbolizes a possibly invisible but explosive history.

[30] This unconventionality, in such features as the revision of the canon, may partly account – along with its very limited edition – for *Ulriche und Kühleborn*'s obscurity compared with Hensel's other writings, in terms of critical attention. Dahlke's analysis is the only one to date.

[31] Bachmann, 'Undine geht', 254.

8

Weibliche Männer, männliche Weiber:
Gender in Transit

BIRGIT DAHLKE

1

[. . .]. und auf den Ruf ›Raidir de membre! Raidir de membre!‹
zwirbelten, knufften und rieben die Mädchen Egmonts völlig vernach-
lässigtes Teil, um es für ihre Zwecke nutzbar zu machen. Der
Marschall a.D. winselte, versuchte sich aufzurichten, was immer er zu
seiner Rettung unternahm – es mißlang. *Fichu!* Hieß der Mädchen-
fluch. Sie griffen zur List. Zwischen die gespreizten Beine des
Marschalls rammten sie, in Schritthöhe, seinen Karabiner – der Schaft
zuerst – in die Erde. [. . .]. An je einem Fuß und je einem Arm
verteilten sich vier Mädchen, um den jungen Dichter festzuhalten. Die
anderen – tour à tour – bedienten sich mit flinkem Ritt auf dem Lauf.
Vom Marschall forderten sie: *Attaque!!* Oder *Feu!* zu rufen, während
ein Rock nach dem anderen sich über ihn deckte. (*Au*, 170)

Der hier von französischen Mädchen vergewaltigt, bespuckt und
geschlagen wird, am Rande eines (wenn auch nur inszenierten)
Schlachtfeldes, hatte gerade vorgehabt, »seine Rolle abzugeben,
das Schlachtfeld zu verlassen« (*Au*, 168). Ganz offensichtlich spielt
die Romanautorin ihrem männlichen Protagonisten hier böse mit,
indem sie dessen Entscheidung, die Statistenrolle in der nach-
gespielten Schlacht bei Waterloo abzugeben, einfach wörtlich
nimmt und ihn seine Rolle als Mann abgeben lässt: die Schenkel
wundgescheuert und aus dem Pferdesattel gekippt verliert der
Dichter schnell die Lust am männlich-militärischen Spiel. Die
Französinnen dagegen scheint eben dieses Spiel so angestachelt zu
haben, dass sie aus ihrer »weiblichen« Rolle gänzlich heraustreten.
Ungerührt lässt die Autorin sie »den Mann spielen«, den unter-
legenen (deutschen) Feind an seinem schwächsten Punkt treffen,
seiner sexuellen »Männlichkeit«. Ohne jede erzählerische Parteinahme konstruiert Kerstin Hensel hier den Zusammenhang von
Krieg und Vergewaltigung als Planspiel, nur eben mal umgekehrt.

Der Gewaltakt wird ohne Aggressivität beschrieben, ohne psycho-
logisierende Abwägung von Motiven.

Wozu? Ist das die zynische Antwort auf feministische Erkennt-
nisse über Sexualität und Macht? Für die Romanfiguren hat der
Gewaltexzess innerhalb der Romandramaturgie keine Folgen. Das
Knäuel der vielen Handlungsstränge geht über diese Episode
hinweg. Wird somit sexuelle Gewalt banalisiert, wird Emanzipation denunziert? Hensels Strategie epischer Distanz ist gegen die
oft mit diesem Thema verbundene Methode emotionsgeladener
Einfühlung gerichtet. Was sich z.B. als intertextuelle Anspielung
auf die Auseinandersetzung mit Vergewaltigungen in dem Roman
Der Butt (1977) von Günther Grass deuten ließe, führt den
angeblichen literarischen Tabubruch *ad absurdum*, indem es einen
weiteren begeht.[1] Dass die Episode bei Hensel noch dazu scheinbar
keine Funktion für die Romanhandlung hat, wäre so als Spiel mit
voyeuristischen Trivialstrukturen zu verstehen. (Ganz wie im
durchschnittlichen Trivialroman ist die »Sex-Episode« kurz nach
der Romanmitte zu finden, auf Seite 170 von 275 Seiten.)

Sexuelle Gewalt wird in der Prosa Hensels nicht aus sexuellen
Triebwelten abgeleitet, sondern aus einer umfassenden, allgegen-
wärtigen Gewalt in zwischenmenschlichen Beziehungen. Hensels
Geschichten stecken so voller Brutalität und Rohheit, dass selbst
der Liebesakt nicht all zu weit von der Aggression entfernt ist. Die
Autorin schließt in der zitierten überzeichneten Episode eben *nicht*
an Märta Tikkanens feministisch-literarisches Experiment *Wie ver-
gewaltige ich einen Mann?* (1980) an, sondern sie behauptet radikal,
Gewalt sei keine Frage des Geschlechts.

2

In Anlehnung an Irmtraud Morgner spielt Hensel in *Auditorium
Panoptikum* in vielfacher Hinsicht mit den Geschlechterrollen.
Mythen nimmt sie wörtlich und lässt ihre Hauptfigur Tabea aus
dem Zwischenraum zwischen der vierten und fünften Rippe eines
Mannes zur Welt kommen. Die starken Rollen haben allesamt die
Frauenfiguren inne, sie nehmen ihr Leben in die Hand, während
die Männer eher Objekte ihrer Lebensumstände sind. Männer-
figuren werden gnadenlos sexualisiert, der sinnlich-genauen
Beschreibung des männlichen Körpers im Ganzen wie des Penis im
Besonderen widmet die Autorin größte erzählerische Aufmerksamkeit. Sie erfindet originäre Erzählperspektiven, um den
möglichst detaillierten Blick zu legitimieren: mal lässt sie den

Dichter Egmont seine literarische Imagination Jonatan im (narzisstischen) Lobgesang preisen, mal zitiert sie das Tagebuch der Sekretärin, worin diese seltsam naiv eine Saunabegegnung mit dem nackten Körper des Dichters beschreibt, den sie vollkommen losgelöst von der verehrten Dichterpersönlichkeit wahrnimmt. Insbesondere irritiert sie der »mir unbekannte, weiche, milchweiße Nabelfortsatz, den ich zwischen Egmonts Schenkeln entdeckte, und der sogleich ob seiner lästigen Funktion, nutzlos zu sein, mein Mitleid erregte« (*Au* 96ff, 187ff). Gekonnt wird hier eulenspiegelnde Naivität zur Verfremdung eingesetzt und der Phallus als Nabel der patriarchalischen Welt zum »nutzlosen« Nabelfortsatz umgedeutet.

In der Erzählung *Im Schlauch* von 1993 entdecke ich die Beschreibung dieser literarischen Technik Hensels: »Die Lampe beschien seine bloße Rückseite. Anneros begutachtete sie eingehend. Dabei zupfte sie zärtlich an den dunklen Haaren, die dicht des Beamten Rücken bedeckten. Sie gurrte, drehte den Mann herum, um ihn andernorts voll auszuleuchten« (*IS*, 21). Die Autorin dreht »den Mann herum, um ihn andernorts voll auszuleuchten«. Es ist eine spezifische Perspektive, um die sich Hensel in Bezug auf die männlichen Figuren bemüht, diese zu sich drehend, sie ihrem eigenen, wodurch auch immer geprägten Blick aussetzend. Zwischen der Perspektive der weiblichen Figuren und derjenigen der Autorin lässt sich an diesem Punkt ungewohnt schwer unterscheiden. Sind die weiblichen Figuren bei aller Ablehnung identifikatorischen Schreibens doch in der Rolle der Stellvertreterin der Autorin, zumindest was das Verhältnis der Geschlechter angeht? Denn natürlich tragen die weiblichen Figuren Spuren der sozialen Rollenerfahrung der weiblichen Autorin, wenn sie darin auch nicht aufgehen.

Auch die verschwiegene Metapher »andernorts« verstehe ich poetologisch, das Henselsche Männerbild konstituiert sich als sprachliche Entdeckungsreise über den erotisch-sexuell »anderen Kontinent«. Kerstin Hensel interessiert sich wirklich für ihre Männerfiguren (wie z.B. auch Irmtraud Morgner oder Katja Lange-Müller). Sie denunziert nicht, sondern konstruiert soziale Versuchsanordnungen, innerhalb derer sich Herr Johannes, Hans Kielkropf, der Dichter Egmont oder der Genosse Kulisch am Rande der sicheren Rollenvorgaben verhalten müssen.

Zum bevorzugten literarischen Experimentierfeld wird das sexuelle Begehren als Fluchtpunkt der Geschlechterbeziehungen wie als Ausdruck gesellschaftlicher Beziehungen überhaupt. Sexualität ist stets auch ein Feld von Machtkämpfen, in der anfangs zitierten Gruppenvergewaltigung auf dem Schlachtfeld wird dies nur auf die Spitze getrieben. Die Mannsbilder werden dabei erbarmungslos auf ihre körperliche Gestalt hin »ausgeleuchtet«, der männliche sexualisierte Herrscher-Blick kehrt nicht nur als Bumerang zurück, sondern durchkreuzt auch das bis dahin klar vorhersagbare Beziehungsspiel. Wenn auch die Frauen ihre Bedingungen diktieren und ihre Liebesobjekte vorrangig nach dem Lustwert taxieren, gerät die soziale Ordnung ins Wanken. Wenn die Rollenbilder getauscht und miteinander gekreuzt werden, der jahrhundertealte Geschlechtervertrag nicht mehr gilt, bewegen sich alle auf unsicherem Eis, denn auch die gegenseitigen Vorurteile und Erwartungen helfen als Orientierungsmuster nicht mehr weiter. Nie stimmen die Bedürfnisse der Liebespartner in Hensels Geschichten überein, daran ändert auch die Umkehrung der Machtverhältnisse wenig. Die Frauen von Sankt Veits sind auch nach dem Besuch des Herrn Johannes nicht glücklich, doch kann keine von ihnen hinter die einmal befreiten Wünsche zurück, ebenso wenig wie die Frauen von Zauche.

3
Satirisch spielt Hensel mit den zeitgenössischen Erwartungen an eine Autorin, indem sie ab und an eine Arabeske einflicht: die Romanfigur Tabea findet eine Schatulle mit dem Text einer »sächsischen, aus Chemnitz stammenden Heimatdichterin«, in einem »abscheulich trockenen Stil«, geschrieben »ohne weibliches Geheimnis, dazu das Ganze von etlichen unschamhaften Tatsachen durchdrungen« (*Au*, 122). (Die skurrilen Wertungskategorien imaginärer Kritiker sind weit weniger erfunden als man möchte.)
  Geschrieben ohne weibliches Geheimnis? Was meint das? Erotisiert werden Hensels Prosatexte ganz bestimmt nicht dadurch, dass Sexualität vorsichtig angedeutet, umschrieben oder schamhaft verhüllt würde. Im Gegenteil, in Bezug auf diese wie alle Körpervorgänge herrschen hier Sinnlichkeit und Deftigkeit in einer Direktheit, die noch immer als »unweiblich«, (im Falle einer Frau) als enterotisierend gilt. Vielleicht ist hier ein Grund dafür zu suchen, dass sich männliche Literaturwissenschaftler eher selten auf Hensels Texte einlassen?
  Neben der deftig-körperlichen verwendet Hensel durchaus auch eine entgegengesetzte Darstellungsstrategie, indem sie

sexuelle Sehnsüchte und Lüste so selbstverständlich versachlicht wie sie andere Bedürfnisse wie z.b. das Essen erotisch auflädt. Saftigsten Fressorgien wie in '1987', 'wir essen Pizza' (*H*, 5) oder dem 'Mittwochsmenü' (*N*, 74–104) stehen dann betont exzessarme Triebwelten gegenüber:

> Die Magd Konstanze war die erste, welcher die Freude kam. Sie war ausgeschickt worden, den Frieden zu empfangen. Als dieser gerade eine halbe Stunde alt war, lehnte Konstanze schon ihren Kopf mit dem bauschigen gelben Haar an den Stamm des Birnbaumes, stützte sich mit beiden Armen fest von unten, raffte hoch, was die letzten Jahre unbenutzt geblieben war, zerrte sich frei von Bändern und Schnüren und ließ den Frieden herrschen. Sepp Engelhuber war der erste. Er schloß seine Ledernen auf und [...] ließ die Wirklichkeit in die hübsche Magd einschießen, einen sanften Böller, den sie mit Appetit aufnahm und danach forderte: MEHR. ('Stinopel', *N*, 135)

Hier wird vorwiegend allegorisch über das entfesselte Begehren gesprochen. Zwar werden sexuell gefärbte Verben benutzt (es kommt ihr; empfangen), aber an der Stelle der Körpervorgänge stehen die Abstrakta »Freude«, »Wirklichkeit« und vor allem »Frieden«, alle drei erst durch den Kontext sexuell aufgeladen. Die Worte werden hintergründig mit einer neuen Bedeutung angereichert, die aus dem Textzusammenhang erschlossen werden muss. Bei allem Rätselcharakter bleibt das Verfahren in der Kargheit des Wortaufwandes doch nahe am dialektalen einfachen Sprachduktus der beschriebenen Dörfler. Die Art und Weise der Beschreibung dieses Stinopler Ereignisses greift auf Techniken des Sprachporträts zurück, ohne dass die handelnden Figuren selbst das Wort erhalten müssten. Anders als in *Tanz am Kanal* wird hier weder die Macht der Sprache als Sphäre symbolischer Gewalt thematisiert, noch der narrative Charakter des »Berichts« problematisiert. Die Erzählinstanz berichtet betont kühl und enthält sich jeder Emotionalität. Obwohl im folgenden eine ganze Reihe von Dorfbewohnern zu Konstanze unter den Birnbaum treten, bekommt die Erzählung auch im weiteren nichts Ekstatisches, im Gegenteil die Erzählweise behauptet Normalität gerade in der Darstellung dieser ausbrechenden Lebenswut. Konstanze war es, welche die Friedensorgie auslöste, frei gewählt und gedrängt höchstens von ihrem eigenen »Hunger«. Ihr an diesem ersten Friedenstag gezeugter Sohn hat viele Väter, die ihrer Rolle gemeinsam und seltsam unaufgeregt nachkommen:»Stinopel war

Vater geworden« (*N*, 137). Normal ist, so wird am Beispiel von
Stinopel (abgeleitet von der jugendsprachlichen Abkürzung
»Stino« – stinknormal) vorgeführt, was eine Gemeinschaft toleriert,
nicht was wir Lesende dafür halten. Indem die Autorin noch in der
verkehrtesten Handlungsanordnung ihre auktoriale Erzählperspektive behauptet, zwingt sie uns die Regeln der Normalisierung
wie auch die Autorität der Narration gewaltsam auf. Das Gewalt-
potential von Sprache und Narration wird also nicht reflexiv
problematisiert, sondern strukturell vorgeführt. Mimesis statt
Reflexion.

All diesen Vätern übrigens gelingt es nicht, ihren gemeinsamen
Sohn »zum Manne« zu machen, Armee und Ehe als letzte Versuche männlicher Sozialisation scheitern und enden mit einem der
bei Hensel wahrlich nicht seltenen grausam-rätselhaften Tode.

4

Die an »Queering« erinnernde Methode des Rollendurchquerens
und des Rollentauschs lässt sich vom Selbstverständnis emanzi-
pierter Frauen mit DDR-Sozialisation her interpretieren: nicht
gegen, sondern nur mit den Männern ließen sich tradierte
patriarchalische Strukturen ändern, beide Geschlechter, so Hensel
1989, seien schließlich »in denselben Zwängen gefangen«.[2] Das
bedeutet, die Autorin interessiert sich mehr für die Gleichheit der
Geschlechter als für deren Differenz, sie betreibt Gender Studies
eher als Women's Studies.

Den Mythos von Don Juan befragt sie danach, was darin an
Wissen über weiblichen Sex enthalten ist, die von ihm Verführten
statt als Opfer als »Erlöste« verstehend, wie Lyn Marven zeigt. Die
Begegnung mit Don Juan interpretiert Hensel als Austritt aus der
Ordnung und als Entfesselung aller unterdrückten Lüste und
Sehnsüchte. »Das Außerordentliche« aber, so schreibt sie, »kann
nur im Zusammenhang mit einem Mann definiert werden«.[3] Eben
diese paradoxe Struktur, noch im Aufstand gegen die Männerherrschaft an den Mann gebunden zu sein, finden wir auch in den
Texten der Autorin: das Aus-der-Ordnung-Treten der Frauenfiguren lässt sich nur in Bezug auf Männer darstellen, wie sich
nicht nur in der Don-Juan-Geschichte 'Herr Johannes' oder dem
Aufstand der 'Frauen von Zauche' zeigt. Wenn die sechzehnjährige
Natalie aus der Erzählung *Im Schlauch* in die Welt zieht, macht sie
»männliche« Schritte. Das wird von ihr ebenso selbstironisch
wahrgenommen wie von der Erzählerin.

5

Unter dem Eindruck der deutschen Vereinigung beobachtet Kerstin Hensel ein tendenziell konservativeres Rollenverständnis im Alltag. In der Komödie *Grimma* von 1995 überzeichnet sie dies, indem sie zwei Paare in einem Tiroler Hotel aufeinandertreffen lässt: ein pensioniertes ostdeutsches Arbeiterehepaar, Mann wie Frau gezeichnet von lebenslanger stupider körperlicher Arbeit, und einen fünfzigjährigen westdeutschen Arzt mit jüngerer, wie sich herausstellt, ostdeutscher Freundin. Beinahe klischeehaft benutzt Hensel demnach die Modelle der Paarbeziehungen zur dramatischen Charakterisierung von »West« und »Ost«. Die Stereotypen werden im gegensätzlichen sozialen Status der Figuren noch auf die Spitze getrieben, nur um sie dann innerhalb des überraschend surrealen Finales bedeutungslos werden zu lassen. Vorher allerdings spielt die Dramatikerin das biologistische Pseudowissen des Mediziners über »die Frauen« aus, mit Wonne lässt sie den Arzt Sätze sagen wie »Frauen vertragen keinen Alkohol. Die Hypophyse ist unterentwickelt bei Frauen«, »Frauen können nicht hinter die Dinge / schauen, das hat mit Paralyse zu tun, mit Auflösung des weiblichen Sehapparates« (*Gr*, 8, 9), oder

> Frauen verstehen alles erst beim zweiten – ah –
> keinen Muskel auslassen, weiter, also
> bei der zweiten Erklärung, weil,
> Frauen sind so. Das Herdwesen muß man sich
> vorstellen als einen Herd
> von gesellschaftlicher Misanthropie,
> infektiös, canzerogen, ein Fokus eben, und der führt
> zum Herd zurück, woran die Frau gehört. (*Gr*, 20)

Neben der Zirkellogik und der Rhetorik selbstgefälliger Gewissheit charakterisieren den Arzt eben die Urteile über Frauen, die er der jüngeren Geliebten predigt, während seine erzkonservativen Thesen durch Anweisungen an sie als (»rote«?) Krankenschwester konterkariert werden. Die autoritäre Diskursposition wird durch die Körpersituation *ad absurdum* geführt. Sein wehleidigschwächlicher Leib gibt den diskursiven Herrscher der Lächerlichkeit preis. Die Entmachtung geschieht ganz ohne Worte. Statt Rhetorik wird hier der Körper zum Feld des Geschlechterkampfs – das ließe sich fast als Polemik gegen Judith-Butler-Adeptinnen verstehen. Die

Urteile selbst sind nichts, was einer verbalen Auseinandersetzung für wert gehalten würde, weder von Seiten der Autorin, noch von Seiten ihrer Figur: die »drischt mit einem Schuh wütend auf Setter ein« und geht (*Gr*, 20).

Die starren Geschlechterrollen erleben Frauen wie Männer als behindernde Normen, den weiblichen Figuren, die mit ihrer Rolle brechen wollen, stellt Hensel männliche an die Seite, die ihre Rolle nicht ausfüllen, was tragische Entwicklungen auslöst wie in der Erzählung 'Kotterba' (*H*, 46–82): Der »Weibsmann« wird ausgelacht, von Männern wie Frauen, der Sohn kann den Vater nicht schwach sehen und läuft davon. Der Lehrer Dörfler aus der Erzählung 'Neunerlei' (*N*, 32–9) erntet für seine jahrzehntelange Freundlich-keit und Häuslichkeit nur Missgunst. Er wird zum Außenseiter im »Haderlumpengrau« des Erzgebirgsdorfs einzig dadurch, dass er keine Frau abgekriegt hat und außerdem »heiterer [ist] als es sich hier gehörte« (*N*, 37). Als er sich zu Weihnachten gegen die Einsamkeit einige seiner Schüler einlädt, holt ihn die Polizei ab. Wer aus der Norm fällt, wodurch auch immer, wird erbarmungs-los von seiner Umgebung beäugt, ausgegrenzt, in den Bereich der sogenannten »Normalität« gezwungen – das ist eines der zentralen Themen Hensels. Lange vor der Männerforschung analysiert die Autorin die Tyrannei der Normalisierung eben auch in Bezug auf ihre männlichen Figuren. Nur sarkastisch kann die Geschichte einer scheinbar geglückten männlichen Sozialisation erzählt werden, die des Grenzunteroffiziers Huppert in 'Der Ring' (*N*, 125–9). Während Huppert dem jungen Soldaten beim Wachgang an der Oder einen Monolog über die eigene Erziehung vom »Täubchen« und »Spinnenbein« zum soldatischen Mann hält, um ihn gegen »Schwächlichkeit« zu immunisieren, verfolgen wir Lesende mit, was sich der Figurenperspektive des fanatischen Härte-Ideologen entzieht: dass nämlich der junge Soldat langsam neben ihm ohnmächtig wird. Nun erst, da der Monolog durch den »Ausfall« des Zuhörers unterbrochen wurde, entdeckt der Unteroffizier, dass sein Soldat die ganze Zeit barfuß mit aufgeschnittener Stiefelsohle neben ihm im knietiefen Schnee stand. »Diesen Spaß, den sich die Stubenältesten mit den ›Frischlingen‹ machten, hatte er selbst eingeführt. Vor Jahren« (*N*, 129). Sein Dogma männlicher Härte stellt diese Entdeckung jedoch keineswegs in frage, im Gegenteil: er gibt die gerade erzählte tiefe Kränkung weiter und beschimpft nun seinerseits den Ohnmächtigen als »Taubenschiß«. Das ist wahrlich eine sarkastische Lektion. Weit mehr als das, was Robert Connell »hegemoniale Männlichkeit« nennt, interessieren die Autorin Männlichkeitsmodelle an der Grenze der Norm: der ängstliche Mann, der Kindmann, der Schwache, der »weibliche« Mann.[4]

Wie schon am Beispiel von 'Stinopel' erwähnt, ist auch der Junge Billabohne aus der Erzählung 'Das Spiel der Billabohne' (*N*, 40–58) nicht männlich genug. Die Ermahnungen »Zeit ist's, Bernchen, dass du 'n Junge wirst« (*N*, 40) nehmen kein Ende. Max und Moritz, die frechen Wilhelm-Busch-Figuren, geben dabei den Maßstab für Jungenhaftigkeit ab und werden von dem Jungen als Helden verehrt. »Billabohne wollte sein wie alle«. Doch auch unter den Pionieren fällt er auf, »zu weich, wie ein Mädchen« (*N*, 48–9). Tyrannei der Durchschnittsmenschen und Gruppendruck sind wohl kaum Phänomene, die sich auf sozialistische Erziehung beschränken, auch wenn Hensel mit den Pionieren hier deutlich auf eine DDR-Kindheit anspielt. Unbarmherzig wird der Junge, der zu schwach, zu »mädchenhaft« ist, von seinen Mitschülern gedemütigt, bezeichnenderweise hat dieses Machtspiel auch eine sexuelle Dimension, denn er wird in der Pause übers Lehrerpult gelegt und ihm wird die Hose heruntergezerrt: »Man beguckte ihn, spielte an ihm herum. Billabohne war es peinlich.« – heißt es lapidar, die äußere Perspektive mit der inneren verbindend (*N*, 50). Später, als junger Mann, wird Billabohne zum Einzelgänger, die gutwilligen Ermahnungen, endlich »ein Mann zu werden«, nehmen noch immer kein Ende (*N*, 53). Auch hier verweigert die Erzählerin einen harmonisierenden Ausweg, die Geschichte endet tragisch. In einer Ästhetik der Warnung erzählt sie betont lakonisch und ohne wertende oder korrigierende Einmischung per Erzählerkommentar eine Lebensgeschichte, deren Logik unausweichlich scheint. Ihre aus der Norm fallenden Figuren haben wenig Handlungsspielraum, die Erzählerin entfaltet keine Varianten, diskutiert keine Alternativen: So gut wie nie benutzt sie den »Christa-Wolf-Konjunktiv«, stattdessen erzählt sie vorrangig im distanzierten und scheinbar abgeklärten Präteritum und in der dritten Person – eine Erzählinstanz, die seltsam sicher ist, wo doch innerhalb der Geschichten gar nichts sicher ist. Es ist eben diese provokant autoritäre Erzählinstanz, die eine widerständige Rezeption geradezu erzwingt.

Genaueste Daten und Ortsangaben spiegeln eine Faktizität vor, die im Textverlauf durch absurde Wendungen des Geschehens wieder aufgehoben wird. Wenn ihren komischen Käuzen so zwangsläufig ihr Schicksal droht, und wir als Lesende zu Zeugen des Unausweichlichen werden, so begehren wir, anders als die Sonderlinge selbst, noch während des Lesens dagegen auf. Zu ändern aber wären nur die Verhältnisse, da allerdings nimmt uns die Autorin jeden oberflächlichen Optimismus. Man ahnt beim Lesen, dass »das nicht gut ausgehen kann«, und kann letztlich nur noch auf die absurden Wendungen der Handlung hoffen. Ein unauflösbar ambivalentes Gefühl, mit dem uns der Text entlässt.

6

Den bewussten Rollenbruch begehen fast ausschließlich weibliche Figuren: Regina (*H*, 204–91), Ulriche (*UK*), die Walküre Tabea im Roman, Natalie (*IS*). All diese Rollenbrecherinnen und Emanzipationsfiguren stehen bei Hensel nie in Gefahr, ihre »weiblichen« sozialen Eigenschaften zu verlieren. Im Mittelpunkt der Gestaltung stehen eher die Hindernisse, ihre jeweils »männlichen« Eigenschaften ausleben zu können: Ulriche möchte »Steinmetze« werden – und bereits die Wortbildung weist auf den Preis der Sexualisierung und öffentlichen Ächtung hin.

Hensels Frauenfiguren sind körperlich antiideale: sie sind dick, stark, grobschlächtig, offensiv, nicht selten hässlich, als ob ihnen damit traditionelle Frauenrollen versperrt werden sollten: »Nicht daß ihr Leib reizend war: der Hintern flachplattig, die Brüste dünn, die Schultern breiter, als schön zu nennen wäre, die Beine mit starker Fessel« – so heißt es über Ulriche (*UK*, 15–16). Ähnliche Beschreibungen ließen sich über Ingrid Tabea (*Au*, 19), Regina oder Rosel (*H*, 205, 218), Frau Popiol (*TaK*, 209), die Küchenfrau Isolde aus Zurzach (*N*, 115–24) oder Veronika Dankschön (*G*) zitieren. Nie stellt die Autorin Identitätskonflikte als Reflexion der jeweiligen Figuren dar oder spaltet diese gar in mehrere Personen auf. Stattdessen wird der Konflikt veräußerlicht. Die literarische Durchquerung der Geschlechterrollen führt demnach nicht zu einer Dekonstruktion »weiblicher« oder »männlicher« Subjektivität wie etwa bei Ingeborg Bachmann. Ulriche wie Billabohne scheitern am Normalisierungsdruck ihrer Umwelt, nicht an ihrer inneren Zerrissenheit. Widerspruchsstrukturen des Symbolischen und Imaginären werden in den Textraum des Realen überführt: Undine-Ulriche taucht kurz unterhalb der gefrorenen Oberfläche eines Tümpels und hängt – ganz konkret – an Kühleborns Angel; Hubert Endenthum ('Das Mittwochsmenü', *N*, 74–104) schlingt alle verdrängten Begierden des Lebens bis zum Kollaps als Süßigkeiten in sich hinein. Das Archiv der Lüste ist ein leibhaft-konkretes.

Richtig bösartig werden übrigens Hausfrauenfiguren gezeichnet, mit Vorliebe Arztgattinnen wie in *Vogelgreif*, *Grimma* oder *Tanz am Kanal*. Sie herrschen und sticheln, putzen, braten und hacken zwanghaft ihre Enttäuschungen weg. Sie können die Rolle des Familientyrannen ebenso gut innehaben wie Männer, Emanzipation also auch hier. Im Henselschen Weiblichkeits-Kosmos erfahren nicht die berufstätigen Frauen besondere Aufmerksamkeit, sondern eben diese Hausfrauen. *Sie* sind exotisch und über die seelischen Abgründe hinter ihren alltäglichen Verrichtungen weiß die Autorin viel. Ihre Figuren wissen dafür wenig von sich selbst. Ob Küchenfrau oder Hilfsarbeiterin, Arztgattin oder Musiklehrerin – sie alle verfügen über keine Sprache, soviel sie auch reden mögen. Sie sind eben deshalb um so mehr der subtilen alltäglichen Gewalt ausgeliefert, die in Hensels Geschichten ständig präsent ist. Ausgeliefert sein, bedeutet allerdings nicht zwangsläufig, Opfer zu sein. Zwischen Objekt und Subjekt, zwischen Opfer und Täter/in setzt die Autorin keine sichere Grenze, ebenso wenig wie zwischen Männer und Frauen. Genau damit zieht sie uns den Boden unter den Füßen weg.

Anmerkungen

[1] Günter Grass, *Der Butt*, in Volker Neuhaus (Hg.), *Werkausgabe in zehn Bänden*, Bd. V (Darmstadt, Neuwied, Luchterhand, 1987), 580ff.

[2] 'Gespräch mit Kerstin Hensel', *Temperamente*, 3 (1989), 4.

[3] Kerstin Hensel, 'Abschied von Don Juan' (*A*, 18–27, hier 22). Zuerst in *Construktiv*, 10 (1991), 32–4.

[4] Robert W. Connell, *Der gemachte Mann. Konstruktion und Krise von Männlichkeiten* (Opladen, Leske und Budrich, 1999), 56.

9

Im Blick die »eigene Poetik«

EVA KAUFMANN

Kerstin Hensels Anspruch an die eigene Kunstleistung war schon früh außerordentlich hoch. Ein Indiz dafür ist ihr Bestreben, sich in den verschiedenen Gattungen und Genres, Stoffen und Themen, komischen und nicht-komischen Darstellungsarten zu versuchen. 1990 äußerte sie sich zu den Ursprüngen ihres unbedingten Kunstanspruchs auf anekdotisch zugespitzte Weise. Einige Dichter hätten ihr den »unbelasteten Kopf gewaschen und gesagt: ›wenn du nicht alles willst, willst du nichts‹, nun wollte ich alles, und die Zweifel häuften sich« (A, 57). Schwer zu sagen, was »alles« meinte. Die »Zweifel« betrafen sicherlich mehr als das Erschrecken vor der eigenen Courage. Sie mögen sich bezogen haben – um nur einige Problemfelder zu nennen – auf die Schwierigkeiten, das der eigenen Begabung gemäße Schreibkonzept herauszufinden, sich als Frau in der bislang männlich dominierten Welt der Literatur zu orientieren und den listigen Umgang mit dem restriktiven Literaturbetrieb der DDR zu lernen. Die Fülle ineinander verschränkter Widersprüche schreckte sie nicht. Sie arbeitete und experimentierte unermüdlich – zum Teil unter schwierigsten äußeren Bedingungen,[1] über die sie sich auch deshalb nur lakonisch äußerte, weil sie das Schreiben nach vieljährigen Erfahrungen als OP-Schwester aus freien Stücken zum Beruf machte, was nicht mit freiberuflicher Existenz identisch ist. Aus dem breiten Spektrum ihrer vor Herbst 1989 geschriebenen Texte ziehe ich einige Beispiele, vornehmlich aus der Prosa heran, in denen Frauenfiguren eine zentrale Stellung haben. Darunter sind auch frühe, unveröffentlichte Texte aus den Jahren 1983 und 1984, die mir Kerstin Hensel zur Einsicht überlassen hat, wofür sie bedankt sei.

In Texten mit weiblichen Figuren im Zentrum bilden Geschlechterbeziehungen manchmal, durchaus nicht immer, den thematischen Schwerpunkt; oft sind sie mit anderen Themen gekoppelt. In dem dramatischen Versuch *Ausflugszeit* (1984–8) werden Frauenfiguren aus Kultur- und Politikgeschichte, aus Mythen und gegenwärtigem Alltag aufgeboten, um Grundfragen geschichtlicher Bewegung zu reflektieren.[2] Im Zusammenhang mit Sujets, die mit Geschlechterbeziehungen zu tun haben, war Hensel besonders auf Kunstqualität bedacht. Ihre oft bissig vorgebrachte Weigerung, Sympathie für feministische Theorie oder Bewegung zu bekunden, bedeutete kein Desinteresse an deren Gegenständen. Ihre literarischen und essayistischen Texte beweisen genau das Gegenteil. In immer neuen thematischen Kombinationen und formellen Ansätzen analysierte sie die Veränderungsbedürftigkeit weiblicher Existenz und der Geschlechterbeziehungen insgesamt.

Simples Ausschreiben eigenen Erlebens war ihre Sache nicht, auch nicht jene Selbsterfahrungsliteratur, die Anfang der 80er Jahre Frauen in Ost wie West in unterschiedlichen kulturellen Zusammenhängen produzierten. Von früh an ging sie darauf aus, Alltagsrealität überhöht darzustellen, weil – wie sie 1988 formulierte –»Alltagssituationen, die nichts tragen als sich selbst«, zu wenig seien.[3]

Vor eben diesem Problem dürfte sie gestanden haben, als sie 1983 – im Zusammenhang mit ihrem Studium am Leipziger Literaturinstitut – den nur im Manuskript vorliegenden Text 'Anspann' verfasste. In diesem zehn Seiten langen Text in gebundener Sprache mit dem Untertitel *3 Monologe* reflektieren drei Figuren, Angehörige eines Produktionsbetriebes, unabhängig voneinander ihre Lebenssituation: ein Arbeiter (23), eine Ingenieurin (30) und ein Betriebsdirektor (45). Die weibliche Figur steht nicht zufällig im Mittelpunkt des soziologisch angelegten Querschnitts. Die Situation einer jeden Figur ist problemgeladen. Der junge Arbeiter fühlt sich schon mit 23 ans Ziel gekommen, weil seine Bedürfnisse – Frau, Auto und Fernseher – befriedigt sind. Immerhin beunruhigen ihn die Erstarrung seines Daseins und die Ahnung, vielleicht unbekannte Lebensmöglichkeiten auszulassen. Seine Betrachtungen wirken glaubwürdig, auch die Vermutung, dass es vielen seinesgleichen ähnlich ergeht. An seinem Beispiel wird auf das theoretische Axiom von der »führenden Rolle der Arbeiterklasse« angespielt, wonach gerade einer wie er auf Veränderung der Lage drängen müsste. Sein nachdenkliches Resumé lautet:»Bin ich revolutionär – bin ich nichts?«[4]

Den Betriebsleiter plagt das Gefühl, in seinem sozialen Status
grässlich isoliert zu leben, vom Papierkram erstickt und
womöglich von seiner Frau verlassen zu werden. Auch seine
Situation scheint veränderungsbedürftig, aber längst nicht so
dringlich wie die der Frau in der Mitte des Triptychons.
Als Ingenieurin erhebt sie – wie die Männer – den Anspruch,
sich in der Sphäre der Arbeit zu verwirklichen. Das misslingt, weil
die männlichen Kollegen in ihr nur das Sexualobjekt sehen und für
ihre fachlichen Fragen und Vorschläge kein Ohr haben. Sie hat
immer nur kurzfristige Verhältnisse. Keiner bleibt, obwohl sie sich
auf Witwer und andere Single-Existenzen eingestellt hat. Es bleibt
offen, ob dieses Alleingelassenwerden mit ihrem Anspruch auf
Ebenbürtigkeit in der Arbeitssphäre zusammenhängt. Nur neben-
bei ist von ihrem Kind die Rede, das von einem Mann stammt, der
sie geschlagen und Kinder mit anderen Frauen hat. Hensel lässt
ihre Protagonistin nicht darüber reflektieren, was dieses Kind
insgesamt für ihr Dasein bedeutet; jedenfalls entfällt damit das in
diesen Jahren von Autorinnen häufig reflektierte Thema Doppel-
belastung. Die Ingenieurin fühlt sich auf sich selbst zurück-
geworfen und schließt mit den Worten: »Ich werd die Stelle
wechseln, Genossen, damit ich mich wiederfind«.[5]
Der Vergleich der drei Monologe ergibt einen äußerst kritischen
Befund. Die männlichen Protagonisten können die Sphären Arbeit
und Erotik in Einklang bringen. Nicht so die weibliche Figur. Hier
stört die eine Sphäre die andere so stark, dass es kaum lebbar ist.
Hensel beschreibt die Frau in einer Pattsituation. Es gibt kein
Zurück – etwa in die Hausfrauenexistenz – aber auch keine
Aussicht nach vorn, denn die Hoffnung auf einen Wechsel der
Stelle kann nur als Illusion gelesen werden. Aus dem Text ergeben
sich grundsätzliche Fragen an die Politik der Gleichberechtigung.
Es sieht so aus, als ob sich deren wichtigste Errungenschaft, die
Möglichkeit qualifizierter Berufsarbeit, gegen die Frau kehrt. Sie
sieht sich mit den Widersprüchen, die aus diesem Fortschritt
resultieren, alleingelassen.
Die formale Lösung, drei Beispiele von Lebenshaltungen als
Monologe kommentarlos nebeneinander zu stellen, fordert nicht
nur den Vergleich in bezug auf die unterschiedlichen Lebens-
chancen von Mann und Frau heraus, sondern kann auch als
indirekter Hinweis auf mangelnde Kommunikation gelesen
werden, sowohl, was die Sprachlosigkeit zwischen Mann und
Frau, zwischen sozialen Gruppen, als auch die mangelnde

Öffentlichkeit schlechthin betrifft. Die Lagebeschreibung ist in allen drei Fällen sachlich, eindeutig und durchweg ernsthaft; komische Elemente fehlen.

Eindeutigkeit und Ernsthaftigkeit prägen auch einige andere, Ende der 80er Jahre veröffentlichte Texte, als Hensel schon vielfältige Erfahrungen mit komisch verfremdenden Schreibverfahren hatte. Mich interessieren die Gründe, die die eine wie die andere Schreibweise bedingen. Hensels Hinweise auf die Herkunft des »ernsthaft-komischen« (A, 54) Blicks aus sächsischen Lebens- und Kulturtraditionen erklärt ihre Neigung zum Komischen in sehr allgemeiner Weise. Es ist zu fragen, in welchen stofflichen, thematischen und ästhetischen Zusammenhängen die poetologische Entscheidung für oder gegen komische Strategien fiel.

Die erwähnten drei Monologe sind eines der bei Hensel seltenen Beispiele für nicht-komischen Umgang mit dem Wirklichkeitsmaterial. Deshalb an dieser Stelle dazu noch einige Beobachtungen, die den Unterschied zu anderen Varianten deutlicher hervortreten lassen. Die Alltagsrealität wurde nicht platt naturalistisch wiedergegeben, sondern durch eine bewusste Formierung des Stofflichen *erhöht*, keineswegs *überhöht*. Der Realitätsbezug ist direkt, wird weder durch mythologische noch märchenhafte Motive noch historische Kulissen verfremdet. Der Text ist – was zur gewählten Monolog-Form im Widerspruch zu stehen scheint – emotional neutral. Auch der Monolog der Frau hat von der Tonlage her keine emotionale Färbung. Das ergibt sich aus der Neutralität, die die erzählend-darstellende Instanz nicht nur auf der Ebene der Geschlechterbeziehungen, sondern auf allen anderen Ebenen der sozialen Widersprüche einnimmt. In seiner einfachen Struktur ist der Text leicht durchschaubar, sein Sinn vom Wortlaut her erschließbar. Er ist von der Grundstruktur her eindimensional.

Dagegen nimmt sich der mehrfach besprochene Text 'Lilit', der ebenfalls keine komischen Elemente aufweist, entschieden reicher und reizvoller aus. Diesen Text hatte Hensel 1984 verfasst und für den Druck in der Sammlung *Hallimasch* (1989) nur geringfügig verändert.[6]

An diesem Text ist vor allem eines merkwürdig: er hatte sich meiner Erinnerung – und nicht nur meiner – als Ich-Erzählung eingeprägt, obwohl in der dritten Person Singular erzählt wird. Verblüffend auch, dass Hensel selbst von der »Ich-Form« spricht.[7] Es ist strittig, wie die Diskrepanz in der Erzählperspektive, die Birgit Dahlke die »Ich-Form in der Nicht-Ich-Form« nennt, ästhe-

tisch zu bewerten sei und ob damit für den Text eher Mangel oder
Reiz verbunden sind.[8]
Der Stoff ist gerade hier, wo es um die intime Zone der
Geschlechterbeziehungen, um Erotik und Sexualität geht, gut
gewählt. Hensel nutzte den Freiraum, den die Überlieferung der
Lilith-Mythe zwischen den Eckdaten (Adams erste Frau, böser
Nachtgeist) lässt, für einen in sich schlüssigen Fabelbau. Der
Ablauf der Geschehnisse, in dem der Konflikt der Frauenfigur
einleuchtend motiviert, entfaltet und gelöst wird, spricht für sich.
Den entscheidenden Wendepunkt bietet die Erfahrung der Frau,
von dem Glück ausgeschlossen zu sein, das der Mann in der
sexuellen Vereinigung genießt. Danach verlässt sie ihn unwider-
ruflich. Die Erzählinstanz gibt sich insofern geschlechtsneutral, als
sie den Mann Adam, der verständnislos »drollig und liebenswert«
(*H*, 122) auf Lilits enttäuschte Abkehr reagiert, mit Schuldzu-
weisungen verschont. Die gelten Gott-Vater, der in seinem Ehrgeiz,
dem Paar das »vollkommene Glück« zu schaffen, arg fehlt, weil er
beide mit ungleichen Voraussetzungen ausgestattet hatte und sich
angesichts des Unheils und der Anklage Lilits abwendet. Die
starke Emotionalität des Textes – in Zorn und Trauer einheitlich
dunkel getönt – zeigt die Erzählinstanz ganz auf der Seite der Frau.
Kerstin Hensel wollte 'Lilit' vor allem deshalb nicht als
Erzählung bezeichnen, weil eine bestimmte distanzierte Haltung
fehle, dagegen sei »eine andere Art von Distanz«, die eines
Rollenstücks, sehr wohl gegeben.[9] Das verweist auf eine Mischung
epischer und dramatischer Elemente. Mehr noch als der
Fabelablauf treibt die Sprache den Text voran. Er hat Drive, scheint
einem treibenden Rhythmus zu folgen, von einem einzigen
lyrischen Schwung getragen zu werden. Den Text regiert das vom
Innenblick bestimmte Pathos; es färbt auch die Aussageschicht der
Text-elemente ein, die vom verfremdenden Außenblick geprägt
sind.
Die bisher erörterten beiden Texte von schmalem Umfang sind
insgesamt nicht-komisch. Der umfangreichere Text 'Der Wasserwalzer' von 1986 ist es teilweise. Dieser Text, von Hensel als »eine
szenische Beleuchtung« (*H*, 15) bezeichnet, kann am ehesten ein
erzählerisch ausgestaltetes Filmszenarium genannt werden. Komisches und Nicht-Komisches sind darin auffällig ungleich auf die
Personage verteilt. Die weibliche Hauptfigur ist von komischer
»Beleuchtung« ausgenommen. Wie den Protagonistinnen in den
drei Monologen und in 'Lilit' ergeht es ihr schlecht. Das rührt bei

dem Mädchen Bettina nicht nur aus der Geschlechterrolle, sondern aus ihrem Außenseitertum, ihrem besonderen Blick auf die Welt. Sie habe den »Glasblick«, sie sehe die Dinge nicht, sondern »in sie hinein« und »hindurch und somit falsch« (*H*, 23) – und sie schreibt, vorerst Tagebuch. Damit ist sie doppelt »belastet« und für tragische Züge prädestiniert. Sie schert aus allem aus, was ihrem – mit satirisch-komischen Mitteln gezeichneten – Lebensumfeld als *Normalität* gilt. Sie verweigert sich allen Dressurakten, seien es die der Mutter im Hinblick auf die weibliche Rolle, seien es die öden Schulmechanismen, die eigenständiges Denken und Handeln unterbinden. Sie ist in allem die eigensinnige Einzelgängerin, die auf dem Recht auf Phantasie besteht.

Charakteristisch für die Problemlage sind Episoden am Anfang und am Ende des Textes, in denen die grundsätzlich unterschiedlichen Lebenshaltungen, um die es im Spielverlauf geht, symbolträchtig ins Bild gesetzt werden. Anfangs will die Mutter die kleine Tochter davon abhalten, weiter danach zu fragen, was aus dem Froschkönig wurde, nachdem ihn der Kuss des Mädchens aus seiner Tierexistenz erlöst hat. Das Mädchen will sich nicht mit Happyend-Klischees zufriedengeben. Im Gegensatz dazu steht am Ende die Wiederholung der Märchenstunde. Dieses Mal erzählt ein Vater seinem »dicken halbwüchsigen« (*H*, 45) Sohn mit den gleichen sprachlichen Wendungen von des Frosches Erlösung: der Sohn schläft, ohne nachzufragen, ruhig ein. In der männlichen Variante waren schon alle Dressuren erfolgreich gelaufen. Diese wie andere satirisch gefärbte Szenen machen die Parteinahme für die rebellierende glücklose Protagonistin um so auffälliger.

Birgit Dahlke hat gezeigt, inwiefern sich Hensel in *Ulriche und Kühleborn* mit Ingeborg Bachmanns tragischer Sicht auf Undine polemisch auseinandergesetzt hat. Hensel dürften von früh an, vor allem aus ästhetischen Gründen, Überlegungen nicht fremd sein, die Irmtraud Morgner in ihrem letzten Interview zum weiblichen Gelächter angestellt hat. Dort hieß es unter anderem:

> Mit Jammern eckt eine Frau natürlich viel weniger an. Mit Schimpfen auch. Zumal in Diktaturen. Weil Klagen und Flüche eindeutig sind und entsprechend gerügt oder auch verboten werden können. Aber Gelächter? Gelächter ist zweideutig – scheinbar, deshalb kann es auch subversiv sein.[10]

Nicht zufällig ist die einseitig ernsthafte Zeichnung der weiblichen
Hauptfigur in einem Text Hensels aufgebrochen, in dem unmittel-
bar politische Zusammenhänge den Problemhorizont ausmachen.
In der 1988 abgedruckten Stück-Collage *Ausflugszeit*, deren
Entstehung auf das Jahr 1984 zurückgeht, ist die Figur der
namenlosen Tochter aus der »kleinen Welt« mit vielen klangvollen
Namen aus der »großen Welt« in Beziehung gesetzt: mit
Luxemburg, Lenin, Trotzki, Goethe, Frau von Stein, Gretchen,
Zeus, Lilith als des Teufels Großmutter und viele andere mehr. Die
großen Namen erscheinen in Hensels Stück als Spielmaterial, das
zum Zwecke weitausholender geschichtsphilosophischer Reflexion
arrangiert wurde. Aus dem Zusammenspiel der vielen meta-
phorisch aufgeladenen Kurzszenen ergibt sich die Frage, inwiefern
Individuen im mächtigen Gang der Geschichte Spielball sind und
inwiefern Spielmacher. Hensel hütete sich, das Ganze auf
eindeutige Antworten hinauslaufen zu lassen. Das betrifft
insbesondere die Figur der Tochter, die zum Stückende hin immer
stärker ins Zentrum der Aufmerksamkeit rückt. Es wird gezeigt,
dass sie sowohl Objekt vor allem der Ordnungsmacht Familie ist,
als auch Spielraum hat. Diese differenzierte Anlage erschwert
vereinfachende Wertungen. Verglichen mit 'Wasserwalzer' erscheint die Situation der Bühnenprotagonistin trotz der ungemein
komprimierten Darstellung weitaus verwickelter und vielfältig
deutbar. Zunächst ist die Protagonistin dem permanenten Streit
der Eltern um Ehebrüche hilflos und stumm ausgesetzt. In einer
auf »Sommer 1968« datierten Episode wagt sie eine erste
selbständige Regung gegen die elterliche Macht, bekundet
pathetisch ihren geistigen Aufbruch, verkündet der Mutter ihren
Entschluss auszuziehen und kehrt schnell von ihrem Ausflug
zurück in die »gute Stube« (*Az*, 64). In dieser Skizze eines
fehlschlagenden Ausbruchs spricht einiges für, einiges gegen die
Tochterfigur. Es bleibt offen, ob auf sie Hoffnung zu setzen ist. Das
ist Absicht. Es liegt weitgehend bei den Betrachtern, was sie aus
den vorgeführten Erscheinungen und Vorgängen ableiten. Die
Dramaturgie zielt darauf ab, das Publikum aus starren Sehweisen
und gewohnten Denkbahnen zu reißen. Es ist wohl der gegen Ende
der 80er Jahre bröcklig gewordenen Staatsraison zuzuschreiben,
dass die Zeitschrift *Theater der Zeit* das ungewöhnlich gearbeitete
Stück einer jungen unbekannten Autorin abdruckte und im bei-
gefügten Interview zum Gegenstand sachlicher Erörterung machte.

Mit einigen anderen Texten hatte Hensel böse Erfahrungen gemacht, namentlich mit der Geschichte 'Katzenbericht', auf die sie mehrfach zu sprechen kommt. Hier muss außer Acht bleiben, wie die nicht erhaltene Fassung von 1984, die ihrer Auffassung nach »literarisch schlecht« (*D!*, 41) gewesen sein mochte, im einzelnen beschaffen war. In jedem Fall sind die gegen Hensel erhobenen Vorwürfe monströs. Es fielen Ausdrücke wie »entartet«, »antisozialistisch«, »krank« und »verlogen« (*A*, 57); sogar »faschistisch« fehlte nicht (*D!*, 40).

Diese diskriminierenden Urteile waren auf eine Geschichte gemünzt, in der eine »einsame kriegs- und gegenwartsgeschädigte Greisin mit drei Katzen zusammenlebt. Die Katzen töten die Frau, welche die Katzen tötet« (*A*, 56). Die genannten Vorwürfe mochten sich zum großen Teil gegen die sozialen Voraussetzungen der Geschichte richten, »weils bei uns im Lande keine alten Frauen gibt, allein, die mit Katzen leben. Alle wohlgesichert sind und in Altersheimen und alles ganz schön« (*D!*, 40). Vor allem artikulierten sie ein tiefes ideologisches Unbehagen gegenüber einer von der Norm abweichenden Sicht auf die Lebensgeschichte dieser ganz verlorenen Außenseiterin.

Die Kritiker des literarischen Textes scheinen den Figuren in der Geschichte geistig verwandt, die der Außenseiterin das Lebensrecht absprechen. Innerhalb des Textes und im wirklichen Leben nahmen sie für sich in Anspruch, die Normalität zu repräsentieren, fühlten sich darin durch eine ungewöhnliche Art zu leben in Frage gestellt und reagierten aggressiv. Dass in dieser Problemsicht auch Autobiographisches steckt, lässt Hensel sowohl im Selbstzeugnis[11] als auch im Roman *Tanz am Kanal* durchblicken, dessen Protagonistin vom Lebensumfeld das gefährliche Prädikat »krank« aufgedrückt bekommt.

In 'Katzenbericht' erscheint die Frau mit den Katzen, bedingt durch widrige Lebensumstände, als eine benachteiligte und geschundene Kreatur. Der Text bietet die ihr Geschick bestimmenden Fakten in aller Deutlichkeit dar. Das müsste der Figur eigentlich das Mitgefühl der Lesenden eintragen. Dem steht entgegen, dass die erzählende Instanz zu dem, was sie erzählt, eine schockierend neutrale Haltung einnimmt. Sie bewertet das Verhalten der Protagonistin nicht explizit. Es kommt ihr vor allem darauf an, auf einen so ungewöhnlichen Charakter und Lebensgang aufmerksam zu machen und den Zusammenhang mit den Ursachen und den Folgen anzudeuten. Deshalb irritiert die Figur.

Sie kann auf Lesende in der gleichen Weise unheimlich und gespenstisch wirken, wie das innerhalb des Textes in Bezug auf die Nachbarn der Fall ist. Auch in diesem Punkt verschwimmen Außen- und Innenperspektive.

Die Erfahrung, wegen einer solchen Geschichte in einer Arbeitsgemeinschaft junger Schreibender brutal diffamiert und im Gefolge dessen sogar mit einem Anwerbungsversuch der Staatssicherheit konfrontiert zu werden, wurde für Hensel zu einem »Grunderlebnis« (*D!*, 42). Dies um so mehr, als es »Ansporn« (*A*, 56) für das weitere Schreiben wurde und nach Hensels Meinung letztlich zur eigenen Poetik führte, für die sie den Begriff »erfahrene Erfindung« einsetzte.

In der Geschichte 'Katzenbericht' sind Figuren und Vorgänge wie mit Facettenaugen gesehen und reproduziert. Mehrere Blickpunkte überschneiden sich. Die multiperspektivische Schreibweise setzt voraus, dass für die Autorin Empirisches und Fiktives untrennbar verbunden sind. Das schließt offensichtlich ein, den borniert öffentlichen Umgang einschließlich der Verdächtigung kritischer Literatur in die Texte mit einzuschreiben. Solche vielschichtig hintergründige Schreibweise lief – und läuft – Leseerwartungen zuwider, die auf simples Jaja-Neinnein eingeübt sind.

Hensels Neigung, an Stoffen festzuhalten, die ihr literarisch ergiebig scheinen, ist auch an zwei Textvarianten zu beobachten, die im Abstand von 15 Jahren entstanden. 1984 hatte sie unter dem Titel 'Der Max' einen knapp drei Seiten langen Prosatext verfasst, in dem beschrieben wird, wie eine Journalistin eine alte Frau interviewt, die als Parteiveteranin häufig vorgezeigt zu werden pflegt. Mit diesem Text war Hensel mächtig angeeckt. Auf ihn griff sie 1999 für den Bildtextband *Alles war so, alles war anders* zurück und arbeitete ihn mit einigen markanten Veränderungen in einen größeren fiktionalen Zusammenhang ein, wobei die reale Erfahrung der damaligen bösartigen Zurückweisung explizit artikuliert wird. Die Episode mit dem brisanten Interview endet mit der Bemerkung, die Journalistin habe das Porträt der alten Frau im journalistischen Seminar vorgestellt und sei wegen »subjektiver und die Geschichte des antifaschistischen Widerstandskampfes verschandelnder Textpassagen« mit dem Prädikat »ungenügend« gerügt worden (*All*, 95). Was meinte das zitierte authentisch klingende Verdikt? Warum wurden derartig große Geschütze aufgefahren? Die »wachsamen« Kritiker mochten gespürt haben, dass in diesem anspruchslos erscheinenden kleinen

Text ein neuralgischer Punkt des gesamten Staatswesens auf-
schien. In der Alltagsrealität der DDR wurde angesichts zunehmend krisenhafter Gegenwart unablässig die gereinigte und
vielfach geschönte Vergangenheit heroischer Kämpfe heraufbe-
schworen, wurde die wirkliche Geschichte unter einem Wust
revolutionärer Phrasen vergraben. Das groteske Missverhältnis dieser schizophrenen Toten-
beschwörung ist in Hensels Geschichte auf den Punkt gebracht. Es
sei dahingestellt, inwieweit der Autorin bei der Niederschrift im
Jahre 1984 bewusst war, welche Symbolkraft in ihrer Geschichte
steckte, die im Folgenden etwas ausführlicher referiert wird.

Die Journalistin, ursprünglich in der dritten Person Singular
dargestellt, wollte von der bald Achtzigjährigen etwas über den
»bekannten Chemnitzer Arbeiterführer und Widerstandskämpfer
Max H.« erfahren, dessen Sekretärin sie war.[12] Die alte Frau ist
darauf trainiert, organisierten Besuchergruppen, meist Schul-
klassen, normierte Auskünfte zu erteilen, in denen die stereotype
Wendung, »er war ein guter Revolutionär« den ständigen Refrain
bildet. Für ihr Porträt möchte die Journalistin etwas Persönliches
über den berühmten Funktionär erfahren – ein der Alten unver-
ständliches Begehren. Sie kann nur automatenhaft den Inhalt einer
Broschüre wiedergeben. Erst als die Journalistin konkret wird und
nach seiner Haarfarbe fragt, bricht der Bann. Die alte Frau Sych
schwärmt: »Er war schön, der Max. Sogar das Haar war rot.« Als
die Journalistin jedoch nach der Ehefrau des Max H. fragt, kommt
es zum Eklat. Sie, die Sekretärin habe den kranken Mann pflegen
müssen, weil seine Frau ein »Hurenweib« gewesen sei und sich
nicht um ihn gekümmert habe. Dieser spontane Ausbruch der
Alten offenbart eine lange verdrängte Liebesgeschichte, vielleicht
sogar Lebenstragödie. Als sie bemerkt, wie sehr sie aus der Rolle
gefallen ist, beschimpft sie die Journalistin, weil die nicht begriffen
habe, »was wir geschaffen haben«. Auf den Einwurf der Journalistin, die Alte habe mehr verdient als die überheizte Einzimmer-
Neubauwohnung, wird diese aggressiv und wirft die junge Frau
hinaus.

All das wird mit der Bemerkung kommentiert »die Journalistin
hat Mitleid mit der Alten und sie mag sie nicht leiden«. Dieser
Satz, der die gespaltenen Gefühle der Journalistin benennt, entfällt
in der Fassung von 1999. Nunmehr erübrigt es sich, explizit von
gespaltenen Gefühlen zu reden. Sie ergeben sich aus dem, was der
Text über das Verhalten der alten Frau mitteilt. Zudem kommt es

nicht darauf an, die Emotionen der interviewenden Figur zu beschreiben, sondern bei den Lesenden gespaltene Gefühle zu erzeugen. In der neuen Fassung setzt Kerstin Hensel ein reicheres ästhetisches Instrumentarium ein. Einerseits werden die authentischen Elemente der Geschichte offen ausgestellt, andererseits wird das Ganze mit einigen wenigen Strichen verfremdet und damit verdichtet. In der ursprünglichen Fassung war der Name des Funktionärs verschlüsselt (Max H.) dargeboten worden. 1999 erscheint der Klarname Fritz Heckert samt einigen der für den Erzählvorgang relevanten Lebensdaten (1884–1936). Der Erzählstil ist – angeglichen an den übrigen Text – reportagehaft nüchtern, fast trocken. Umso stärker hebt sich davon die sechsmal wiederholte, unsinnig klingende Wendung ab »die Heizung heizt«. Nicht die Wortwendung ist widersinnig, sondern der Sachverhalt, auf den sie zielt: die Tatsache, dass die Heizung im August auf Hochtouren läuft.

Es werden Missverhältnisse signalisiert. Das betrifft verschiedene Ebenen; hinter der maßlos überheizten Zimmertemperatur steht die aufgeheizte Atmosphäre zwischen den Figuren, die aus der schizophrenen Haltung der – nunmehr Irma M. – genannten alten Frau resultieren. Getilgt sind Details, die ihre Eifersucht charakterisierten. Statt dessen ist ausführlicher dargestellt, wie sie von Heckert erzählt und dabei die Fransen der Tischdecke miteinander verflicht (was für ein schönes Detail!): er habe rotes Haar gehabt »und wasserblaue Augen und einen Schnurrbart, einen kleinen ganz hellen, und das Haar sei ihm beim Sprechen immer in die Stirn gefallen« (*All*, 95). Das spricht Bände; es holt die nach mehr als 50 Jahren immer noch lebendige, gleichsam mumifizierte Liebe der Alten aus der Versenkung hervor. Hensel lässt äußerste Beschränkung walten. Ihre Journalistin stellte keine Vermutungen darüber an, ob Heckert die Gefühle erwidert hat. Das ist insofern nebensächlich, als die Hauptsache, der Widerspruch zwischen den starken Gefühlen und ihrer pflichtgemäßen Verleugnung vollauf deutlich wird. In diesem Fall von Schizophrenie mischen sich Privates und Politisches auf fatale Weise. Das ist der Kern des Grotesken. Alle versöhnlich stimmenden Momente des Heiter-Komischen fallen dabei aus. Das Lachen bleibt im Halse stecken und stimuliert bei den Lesenden, gedankliche Aktivität. In dem kleinen Text von 1999 sind die grotesk-komischen Potenzen entfaltet, die in der frühen Version 'Der Max' wenig genutzt worden waren. Nach Tische liest man's noch ein weniger schärfer!

Dieser Rückgriff ist ein Beispiel für Hensels Fähigkeit, Stoffe und Sujets aufzufinden (bzw. auf ihnen zu beharren), die belangvolle Widersprüche in sich bergen, die bei entsprechender ästhetischer Formierung in Bewegung gesetzt und »zum Reden« gebracht werden. Nicht die Themen an sich entscheiden über die Eignung zu komischer Behandlung. Es sind vor allem die in den wirklichen Verhältnissen vorgefundenen oder/und in sie hineingesehenen gestalthaft vorgeformten Konstellationen paradox erscheinender Beziehungen und Begebenheiten, die die Phantasie reizen.

Wie erwähnt, hatte Hensel mit 'Anspann' einerseits und 'Der Max' andererseits unterschiedliche Erfahrungen gemacht – in dem einen Fall eine gute, da der Textteil über die Ingenieurin vom Rundfunk produziert wurde, und in dem anderen – erlebte sie die zitierte böse Abfuhr. Nicht nur in diesen beiden Fällen sammelte sie in ihren ersten Jahren als Schreiberin sowohl positive als auch negative Erfahrungen. Ich unterstelle, dass beide für ihre künstlerische Entwicklung wesentlich waren. In ihren Bemerkungen über die negativen Erfahrungen, namentlich zu 'Katzenbericht', betonte sie deren produktive Folgen für die Ausbildung der eigenen Poetik. Das betrifft sicher nicht in erster Linie die Fähigkeit, Zensur ausübende Personen oder Instanzen taktisch auszumanövrieren, indem Texte geschickt verschlüsselt wurden. Gerade durch absurde Zuspitzungen hatten die apologetischen Kritiker Hensels Blick für die besonders neuralgischen Punkte der sozialistischen Gesellschaft geschärft. Damit hatte sie für den Umgang mit großen gesellschaftlichen Widersprüchen Grundsätzliches gelernt, was nach dem Kollaps der DDR in der Konfrontation mit kapitalistisch restaurierten Lebensverhältnissen seine Gültigkeit behielt. Es handelt sich, wie sie im August 1990 lakonisch bemerkte, »um einen Widerspruch mehr« (A, 58).

Anmerkungen

[1] Sie habe, »in drei verschiedenen Kellerwohnungen, mit einem Kleinkind und jeweils vier bis sechs Ratten, mit wenig Geld und vielen Freunden« gelebt. Kerstin Hensel, 'Ohne Angst und an allen Dummköpfen vorbei', A, 58.

[2] Kerstin Hensel, 'Ausflugzeit', *Theater der Zeit*, 9 (1988), 64.

[3] Volker Trauth: 'Gespräch mit Kerstin Hensel', in *Theater der Zeit*, 9 (1988), 60.

[4] Kerstin Hensel, *Anspann. 3 Monologe*, Manuskript (Leipzig, 1983), 4. Im Besitz der Autorin.

[5] Manuskript, 7. Mit der Datierung 1984 findet sich ein Manuskript, überschrieben »Kurzhörspiel, Anspann, Monolog, Eine Frau, 30 Jahre, Ingenieur«. Diese Fassung ist für den Rundfunk hergestellt und vom Rundfunk produziert worden. Die Neuauflage des Textes ist von zwei auf fünf Seiten erweitert. In der Fassung der drei Monologe war der der Frau nur halb so lang ausgefallen wie diejenigen eines jeden Mannes. Vom Problemgehalt her bringt die neue Fassung keine Veränderungen. Dagegen entfaltet sich die Subjektivität der Frauenfigur reicher. Sie richtet ihre Ansprache einerseits an den einen Mann, der sich ihr entzieht und die Männer des Arbeitsbereichs. Sie beklagt vor allem die von außen erzwungene Aufspaltung: »Könnt ich mich verbinden in meinen Teilen: / Kopf Stimme Herz. Meine Hände sind noch bereit / zu tun, was mich erfüllt. Und euch. / Solang ich geteilt bin, bin ich zu wenig / für meinen Teil« (Manuskript, 4).

[6] Es handelt sich in einigen Fällen um Wortaustausch aus stilistischen Gründen (122: anstelle von »wächst« stand »wuchs«, anstelle von »wälzen« stand »sielen«; 123 anstelle von »Gott« stand »Herrscher«; 125: anstelle von »in den tollen Schädel« steht »in den Schädel«. Dazu wurde auf 124 und 125 je eine Zeile gestrichen, die lediglich Wiederholungen darstellen.

[7] 'Im Gespräch mit Birgit Dahlke', in Birgit Dahlke, *Papierboot. Autorinnen aus der DDR – inoffiziell publiziert* (Würzburg, Königshausen & Neumann, 1997), 275.

[8] Dahlke, 156.

[9] Dahlke, 275.

[10] Irmtraud Morgner, 'Gespräch mit Alice Schwarzer', in *Emma*, 2 (1990), 35.

[11] »Als ich später das Leipziger Literaturinstitut verließ, hing über mir, von der Lehrerin für Literaturkritik gefällt, das Urteil: ›Allgemeingefährlich‹« (*A*, 56).

[12] Dies und alle folgenden Zitate aus dem Manuskript.

'Not Fate – Just History': Stories and Histories in *Tanz am Kanal* and *Gipshut*

REINHILD STEINGRÖVER

'Just history' is the laconic and resigned commentary on the historic events of 1989 in Kerstin Hensel's 1999 novel *Gipshut*.[1] This short phrase says much about Hensel's own position as a writer in the aftermath of German unification. In a brief text on her literary influences Hensel gives a telling example of her relation to the important political and historical events of the time:

> In der Nacht des Mauerfalls saßen wir in Mickels Wohnung und hörten die 'Winterreise' in der Interpretation von Peter Anders, 1945 im besetzten Berlin aufgenommen: Gegen politischen Lärm, Geschrei und Wirrniss konnte man nur mit einer ungeschmückten Stimme und mit klaren Worten etwas ausrichten. Wieder einmal war es die 'Winterreise', die mich verstehen ließ, worauf es ankommt.[2]

Here, Hensel favours a quiet encounter with a literary voice from the past over a more public celebration of the fall of the Wall. The poet creates a critical distance to the political events on the street and hints instead at the continuity and enduring power of poetry. But this seeming idyll should not be misread as an escapist ideal. After all, the admired literary voice (the 'ungeschmückte[] Stimme') of the *Winterreise* expresses in its romantic cycle of poems the profound loneliness, disillusion and alienation of a human outcast, whose only companion is another loner: 'Wunderlicher Alter, soll ich mit dir gehn?'[3]

This chapter seeks to examine how Kerstin Hensel navigates this balancing act between the political, the historical and the literary, engaging and disengaging these realms in the course of her narratives. For this purpose she employs a variety of narrative strategies such as alternating perspectives between past and present, unconventional punctuation, the insertion of paragraphs of quasi-surreal writing and fantastic plot developments, frequent allusions to a broad literary canon and, finally, a vast linguistic spectrum ranging from archaic language to dialects and technical terminology. These elements of her prose will be interpreted as attempts to emphasize the literary quality of her work over the specific historical context and thus reject the reduction to the status of mere political allegory or satire.

I will argue in the following that it is Hensel's insistence on the lyrical, the poetic, as opposed to direct satire or the overtly symbolical that distinguishes her writing from what came to be known as *Wendeliteratur*. In examining the role of the political in Hensel's prose, I will explore the tension between engaging with contemporary historical events and refusing a quasi-journalistic approach to writing about political developments such as German unification and its aftermath.

Hensel develops a narrative structure that questions the accuracy of memory and the reliability of writing, as I will show in my analysis of *Tanz am Kanal*. Such an approach is political because it insists on the relevance of history but questions the very act of preserving it in simplifying metanarratives. Instead, Hensel's writing preserves, in an offhand, anti-nostalgic manner, a language and a myriad of trivial details of life in the former GDR that are usually considered merely as something to be overcome in unified Germany.[4] In its satirical tone this constitutes a critical remembering that takes pleasure in exposing the senility of a dusty ideology, as well as pointing to the larger continuities in abuses of power and inequality.

In discussing the literature on German unification, Klaus Hammer argues in favour of a literature that functions as social memory but warned against an overly literal interpretation of this task as may have been the case with socialist realism. He writes: 'It is not literature's job to copy reality or to reproduce opinions.'[5] Yet Hammer goes on to say that, for at least another generation, literature by former East German writers will continue to have the function of 'raising the consciousness' of West German readers in particular and preventing the 'frightening tendency towards amnesia' which can be observed with regard to the quickly fading history of the East German state.[6] The term *Wendeliteratur* thus raises certain expectations, as, similarly, the categorization 'GDR literature' did prior to 1989. Literature that functioned once as a substitute public sphere (*Ersatzöffentlichkeit*), as documentation of life in the GDR and as a subtle form of criticism and dissent, was now charged with chronicling life in the new states or describing in satirical, ironic or dramatic accounts the numerous injustices suffered by East Germans during the German unification process (*Wendetrauma*). Literature, especially by East German authors, was thus again assigned a specific function: political, historical, therapeutic, one directly related to the political events of the time.

Throughout the 1990s Hensel's work has frequently been indexed under the categories 'unification literature' or even 'Stasi literature'.[7] One reviewer of *Gipshut* even referred to the novel as 'einen Wenderoman mit allem Drum und Dran'.[8] However, if *Wendeliteratur* suggests a focus on the dramatic changes that occurred in particular for GDR citizens, it should be noted that Hensel places her emphasis, rather, on the continuities between one system and the next. Both *Tanz am Kanal* and *Gipshut* are set in the context of important historical events, such as 9 November 1989 or 21 August 1968.[9] But, ironically, these events consistently take place at a far remove from the fictional characters' lives. Unlike those critics who see the overabundance of symbols, metaphors and signs in *Gipshut* simply as somewhat irritating fake leads, I read these dates as an attempt to contrast political world history with the daily travails of ordinary people and thereby satirize the utilization of literature as a chronicle of the historical.[10]

Readers of Kerstin Hensel's texts know that she has consistently refused to bow to the expectations that the label *Wendeliteratur* seems to demand and are familiar with statements such as 'Mein Thema war nie die DDR'.[11] Hensel's contribution to a collection of exchanges between GDR women writers who reflected on the end of their state consisted of a brief explanation of why she chose *not* to participate:

> Politik, so sehe ich es, ist doch nur ein Teil des großen *Stoff-Feldes* von Kunst und wird allenfalls von ihr benutzt, wie die Stoffe Natur, Liebe oder Geschichte [. . .] Die sich abhängig von der Staatspolitik sahen, brachten keine wirkliche Kunst zustande, sondern hohle Hymnen oder illustrierte Bauchschmerzen.[12]

The ironic understatement 'just history' indicates clear opposition to a type of literature that elevates a specific historical event or political situation to its main concern. But the nonchalance in the treatment of important historical dates should not be interpreted as a sign of the irrelevance of history for the individual.

Hensel has described her poetics as 'experienced invention' ('er-fahrene Erfindung'), a term that succinctly sums up the importance of the lyrical potential of language without denying its historical dimension.[13] Such a position goes beyond the specificity of a national, political context and is not untypical for her generation of writers. Eva Kaufmann has pointed out that many of the younger GDR women writers refuse the role of chronicler of the new German states after unification and have demonstrated their interest in global questions.[14] Hensel asserts:

> Mein Schreiben hat sich in keiner Weise geändert. Deutschland hat sich von seiner üblichen Seite gezeigt, für mich ist nirgends ein humanitärer Fortschritt zu sehen. Die Menschen sind die gleichen geblieben: Fanatismus, Spießigkeit, Abhängigkeit und was sonst noch so Themen in meinem Schreiben waren – das Panoptikum, das für ein paar Wochen zu fallen sich anschickte, hat sich in genauso kurzer Zeit restauriert. In einer Klassengesellschaft wird sich das Amt des Dichters wohl nie ändern; er wird immer im Widerstand sein.[15]

How, then, is this resistance manifested in her writing and how does the specific historical context fuel it? Can the author claim to occupy this space outside of society, from where she observes and writes, when her tool – language – is actually a product of this society itself? Roland Barthes has reminded us that 'It is when history is denied that it is most unmistakably at work'.[16]

Hensel's response to such concerns can be found in her clear attempt to engage the historical through a focus on the everyday banalities of life on the margins and the perspectives of outsiders in provincial areas. Her preference for this kind of *Alltagsgeschichte* over world history can be documented in most of her prose texts.

Consider this example from *Tanz am Kanal*, the only reference to the fall of the Wall in the book. Two farmers in the province of Brandenburg observe in their native dialect: 'In Teterow sünd de Straten vull mit Lüd; de trekken dörch de Stadt, dat geiht los! – Wat geiht los? – Wat weet ik, öwer wi möten dorbi sien!' (*TaK*, 115) Such is the author's understatement regarding the historical event that 'it' is not even named. The provincial farmers appear strangely unaffected by the fact that history is in the making in their immediate vicinity and yet is simultaneously so far away from their lives. The humour in the scene derives from the incongruity between the political magnitude of the event and the characters' ignorance and naïveté. This perspective of outside observer marks

Hensel's own position as a writer who carefully satirizes the expectation of 'eyewitness' literary accounts of the fall of the Wall. By situating this allusion to the historical event in the provincial milieu of the dairy farmers and their local vernacular, Hensel suggests that 'history as such' is simply too big for the individual. It cannot be grasped by the farmer or by the author in a literary account. The use of humour to highlight the incongruity and ultimately the meaninglessness of major political events for the daily life of the average worker is a narrative strategy which is also used in *Gipshut*.

Veronika Dankschön, one of the novel's four protagonists, expresses her irritation over the lack of popular dance music on the radio on 21 August 1968, as troops of the Warsaw Pact nations are marching into Czechoslovakia in a manner that mirrors Hensel's ironic intentions in the scene with the farmers in *Tanz am Kanal* cited above: 'wat is det für ne Zeit, wose nich ma mehr Musike machen könn in Radio, und det Jelaber vonne Politik zermatscht een anständjen Bürjer doch det Jehirne!' (*G*, 69). Again the humour derives precisely from the non-fulfilment of the expectations that the allusion to these significant dates produce in the reader.

Consequently, Hensel's novels can easily be understood as political satires in their numerous allusions to the everyday frustrations with 'real-existing socialism'. But the author is careful not to describe everyday life for ordinary GDR citizens in comparative terms between East and West German reality, as is often done in 'unification literature'. In Thomas Rosenlöcher's thoughtful reflections on his childhood in the GDR, for example, East German noodle soup becomes a metaphor for what is lost, 'Die spezifische Ostfadennudel. Und keiner mehr sagen konnte, wie sie noch gestern schmeckte.'[17] Hensel's anti-hero Hans also eats noodles, but they are simply that: noodles, not East noodles, not inferior or superior in taste to West noodles: 'Hans schöpfte Nudeln auf den Teller. Gab einen Schuß Maizena-Speisewürze hinzu, und während er löffelte, langte er zu Mutter herüber, griff sie am Arm und forderte, daß sie die erste sein müsse, die ihn zu verstehen habe' (*G*, 62). What readers might notice here is not the lost taste of East German noodles but the particular brand of all-purpose spice: *Maizena*, which West Germans would recognize as *Maggi* – its equivalent Western brand.

This seemingly trivial example illustrates Hensel's subtle approach to writing the historical. The daily banality of eating noodles is not stylized into a metaphorical act but simply described. Yet the choice of available all-purpose spice will be noticed by East German readers as a familiar household item, and by West German readers as a slight difference that is enough to signal the story's setting. The author is thus able to weave everyday history (*Alltagsgeschichte*) in its most banal details into the story of her protagonists without foregrounding them; she thereby avoids the risk of weighing down the story with intense symbolism.[18] This strategy aims to balance history and story in a literary text that is set in a clearly depicted historical context but insists on the primacy of the literary, that is, its narrative and fantastic quality. This attempt presents a serious challenge, which is met more or less successfully. I would argue that *Tanz am Kanal*, in its focus on the profoundly alienated Gabriela, more easily avoids the political symbolism of the socialist biographies in *Gipshut*.

Hensel's interest is twofold: to tell stories with universal appeal rather than limiting herself to the chronicling of a national past and present, and to explore the effects of social and political contexts on the life of individuals. This is reflected in the strong emphasis on fictional biography: Gabriela, Anna, Paul, Veronika and Hans. These biographies are not presented as typological socialist or capitalist experiences (although Hans comes closest to this at certain points in the narrative). Each is characterized by exceptional circumstances or experiences (nobility, gigantic size, low IQ) that allow the author to narrate their daily struggles and triumphs or their fantastic encounters with mythical, supernatural apparitions as engaging individual stories, not as typecasts. I will return to the topic of biography with regard to *Tanz* in a moment.

Story and history become material for each other, rather than history being positioned as the explicit subject of the story. In this way Hensel aims to narrate a childhood in the GDR without narrating it only as a GDR childhood. The above cited 'Mein Thema war nie die DDR' needs to be read in this way; the intention of Hensel's novels is not primarily to satirize the GDR but to tell stories that are situated among others in the GDR, and are necessarily full of elements worthy of satire – as are the later stories from unified Germany. Hensel thus accomplishes what Rosenlöcher calls for when he writes: 'Wünschenswert wäre ein Erinnern, das heute weder das Damals beschönigt noch mit dem Damals das Heute zu beschönigen sucht.'[19] By situating many of her stories in the GDR, Hensel contributes to the preservation of a certain linguistic specificity from that time. In other words, her objective is not so much to preserve history as it was but, rather, to record a language as it once was spoken.

The description of a fight about a pair of West German jeans during Hans's school years may serve as an example for this approach. It is both an episode in adolescent struggles for power and acceptance and a political satire:

> Heulend stürzte sich Peter auf ihn, aber alle Kraft, die Hans besaß, legte er in einen Faustschlag und streckte den Angreifer nieder. Dem herbeigerufenen Direktor erklärte Hans Kielkropf, daß dies ein politischer Akt gewesen sei: die imperialistische Mode würde durch Verstümmelung lächerlich gemacht. (*G*, 61–2)

The fact that the bone of contention between the gangs is the obsession with Western goods (chewing gum and jeans), on the one hand, and the seemingly staunch socialist convictions of Hans, on the other, adds political satire to the trivial tale of a school 'Klassen-kampf'. But it is also apparent that the political convictions from which Hans derives his feeling of moral superiority and righteousness, as well as his clever use of socialist arguments to justify his theft and thus avoid punishment, are as shallow and exchangeable as those of his opponent Peter.

Hensel's scepticism towards an overly politicized literature is most evident in her complex exploration of the possibilities and limitations of language, writing and memory. This is most prominent in the reflections on the act of writing in *Tanz am Kanal* and in Gabriela von Haßlau's obsession with her autobiography, as a homeless woman in unified Germany. Writing represents a tool for survival as it gives her life a purpose. Yet it is not presented as a way of coming to terms with childhood traumas and should therefore not be easily understood as a therapeutic cure. Indeed, I suggest reading *Tanz am Kanal* as a critique of the faith in the possibility of such a teleological endeavour and therefore to some extent a critique of the role of literature as an act of (national) remembering. The following examples from *Tanz am Kanal* highlight Hensel's main themes – language, writing, trauma, memory, power and humour – and examine how her specific narrative strategies question the role of literature as a historical chronicle.

Tanz am Kanal offers direct criticism of the GDR and unified Germany and at first glance allows readers to receive the story as part of the literary working through of the 'socialist experience' and the *Wendetrauma* (the frequent expressions 'Scheiss Staat', 'unerklärliche Müdigkeit im Fach Staatsbürgerkunde' and the Stasi agents Queck and Manfred suffice to make the point). But the book ultimately resists this easy classification in its ironic depiction of the act of writing itself and its limits for Gabriela's project of recovering memories. Moreover, writing can also be manipulated to counter expectations, as, for example, when Gabriela decides to alter the ending of her autobiography in order not to cater to the assumptions of West German feminists' ideas about homeless East German women.

The protagonist Gabriela is the only child of the prominent surgeon Ernst von Haßlau and his subordinate wife Christiane. The story is set in the late 1960s or early 1970s in the fictional East German city of Leibnitz.[20] On Gabriela's fourth birthday she is given a violin, a status object for her father, which the child mistakes for an enchanted dachshund that frightens her. Her impatient father, who teaches her to speak proper language by enunciating it into Gabriela's face, forces her to repeat after him: 'Vi-o-li-ne! Vi-o-li-ne! Sprich nach!' (*TaK*, 9). On the other hand, there are certain words that the child does not need to practise and therefore loves. Varicose veins (her father's surgical specialization) is one of those words: 'Ich liebte dieses Wort, weil ich es niemals nachsprechen musste. Va-ri-zen! Das gab es nicht' (*TaK*, 9).[21] Hensel skilfully and efficiently uses this principle of grouping words to create Gabriela's social order and to express transgressions and taboos with minimal means. The sexual advances by her violin teacher Frau Popiol, for example, who kisses the child inappropriately and then calls her by her nickname Ehlchen, are not commented on by the child (as they do not make sense to her), except for her stating: 'Das Wort Ehlchen gehörte meiner Mutter' (*TaK*, 15).

Similarly, the child points to the incomprehensibility and anonymity of the state's power by describing the shooting of her beloved uncle Schorsch (presumably by state agents) as follows: 'Das Wort *erschossen* gehörte weder mir, noch Mutter, noch Vater. Auch Onkel Schorsch gehörte es nicht. Es war einfach da, herge- sagt aus dem Nichts' (*TaK*, 12). Since the world seems random and senseless to Gabriela, she seeks literal meaning in words. This can be humorous – as is the case when she is looking for her father's lost 'prestige', which she assumes must be a valuable object. But it can also be chilling, for example, when she fails her father by fainting (instead of playing the violin) in front of his colleagues at a hospital celebration on the occasion of his promotion. He scolds: 'Du hast mich in Grund und Boden blamiert' (TaK, 19). Gabriela, who is recovering on a stretcher in the operating room, looks at the massive lamp above her and wishes she were buried by it, crushed 'in Grund und Boden' (TaK, 19). This profound alienation from the world and its numerous sources of authority, such as her father, her schoolteacher, her factory supervisor and finally the Stasi agents, continues into her adult life and is again indicated by the unorthodox use of language: the violin remains a dachshund for Gabriela even when she spots it as an adult on the shelf of a Stasi apartment.

Hensel thus employs this narrative strategy of attributing important terms to certain figures of authority to describe with sparse means the outsider status, the alienation and disorientation of the child. Gabriela experiences confusion even with regard to her name. Various adults call her by her nickname Ehlchen, but also by the derogatory term Binka. This term is used by her Uncle Schorsch but also by homeless men who attack her, as well as by the Stasi agents and the men who rape her. Gabriela feels marked by this negatively connoted but inherently meaningless term, as she did by the teacher's mark 'I' for intelligentsia instead of 'W' for worker in the grade book. When Gabriela is raped in a park on her walk home from a concert her attackers mark her arm with a cross. This mark, too, is meaningless in itself but designates her as an outsider, as different. The state, which can neither tolerate difference, nor accept the evidence of a violent act within its socialist society, responds to this marking with another act of violence. By forcing Gabriela's father to transplant a piece of skin from her leg to her arm, the trace of violence and difference is to be wiped out. Gabriela is thus triply violated: by the rapists, the state and her father, all male figures of power. At this point the tension between the political criticism of the pervasive sexism of the GDR state and the difficulty of expressing memories of violent trauma becomes evident. By repeatedly using the metaphor of 'marking', Hensel's story gains more depth in its exploration of loneliness and alienation. Marking, (mis)using language and the confusion about Gabriela's proper name are tropes that offer political criticism of life in the GDR, but their basis in language and writing also calls into question to what extent writing can be a tool for coming to terms with personal and political history.

This becomes especially apparent in the treatment of the memory of the rape scene, which is not systematically worked through. Instead, it is reflected in its lasting effects through surreal, dreamlike images leading up to the moment of the attack:

> In der Dunkelheit sind alle Haare schwarz. Kurt ist ein Idiot. Der Himmel voller Geigen. Das geht zu weit, Gabriela. Sprich nach: Zu weit. Ich lief schneller. Der Park: schwarz, voller Fremdheit. Die erste Nacht ganz für mich allein. Ich durfte ihr nicht nach, sie war berühmt, Maria Elke Popiol, Blues und Vivaldi, der Kuß und Vaters Stimme: Sie ist krank. (*TaK*, 68–9)

The attack itself is remembered with visions of 'burning white leaves', referring back to the earlier use of white as the colour of an oppressive void.[22] Hensel thus establishes her own frame of signifying references to which these surreal language episodes relate. 'White' is not a colour of political symbolism in this context. The memory of the rape and its consequences, therefore, neither resolves the trauma nor finds expression in 'proper language', as Gabriela's father puts it. The writing of her autobio-graphy cannot claim to authenticate the central status of this violent experience. Hensel alternates her narrative between epi-sodes from the present and the past, which adds variety to the story and builds tension, but her protagonist never reflects in the present tense about the meaning of past events or attempts to establish connections between the two levels. That is to say, the author does not grant her protagonist a level of reflection, a vantage point as a writer from where the past can be surveyed and recounted. Readers who insist on reading the novel mainly as a political satire on a GDR childhood should take note here. Literature, Hensel seems to suggest, is not a suitable realm in which to resolve trauma – including that of living in the GDR and that of experiencing its end. The stories of present and past are arranged side by side and leave many questions open. It is unclear what happens to Gabriela's mother, or to her father after he goes to the West. It is unclear whether Gabriela has actually killed the Stasi agent during a final confrontation in a small boat or whether she will be able to integrate herself into society after the policeman Paffrath offers her shelter.

Hensel does not explore these blind spots in Gabriela's life. She offers instead a multitude of small episodes depicting mad, extravagant parties in the parental villa, and a range of colourful, unconventional characters, such as the working-class, unsophisticated Katka, the pathetic yet menacing Stasi agents or the playful actor Samuel with whom Gabriela's mother decides to elope. In sum, the drive of the text is not to explain but to narrate. The repeatedly posed questions 'who am I?' and 'where to?' may indeed have rung true to many former GDR citizens in the chaotic circumstances of the immediate post-Wall years. But, ironically, they find a paradoxical answer in the allusion to a fairy tale: as Gabriela is sleeping under a bridge she dreams the following:

> Schliesse die Augen, liege in der freien grünen Natur, ein Bächlein strömt, nicht Malz und Hopfen, sondern klarer Waldbach, Ratten, Rehe, ein Mooshäuschen, Stalaktiten lang wie Zuckerhüte, heißest du etwa Binka? Oder Ehlchen? Zu müde zum Raten. Wer es weiss, fällt ins letzte Loch. (*TaK*, 40)

This allusion to Rumpelstilzken offers an unexpected solution to the question of identity: she who knows the name will not (unlike the queen) be richly rewarded, but will seal her downfall. This sarcastic conclusion on Gabriela's part corresponds to her conviction that she may only survive if she is not fully conscious and eludes the harshness of reality by remaining in a constant fog, a stupor of semi-awareness in which she has been shrouded since her school years. Like her father, whose ambitions were frustrated by the socialist state and who turned to cognac, the daughter sinks into a depressive condition: 'Meine Krankheit heißt Erwachen. Immer wenn ich aufhöre zu schreiben, droht sie mich zu ernüchtern. Sie ist das einzige, wovor ich Angst habe' (*TaK*, 58), says the homeless Gabriela. This description bears a remarkable similarity to Julia Kristeva's theory of art as the last resort of a depressed person who attempts to avoid total madness. Writing, according to Kristeva, may function as an act of resistance against the threatening silence and death.[23] Gabriela's obsession with writing can be read as just such a last hope against silencing, but it is not described as an act of 'clarification', of working through trauma in the Freudian sense. It is, rather, something that protects

Gabriela from 'awakening'. At the same time it is, of course, an act of memory that saves her from drifting off into the animal-like stage of existence that Gabriela sees in her fellow homeless people. This paradoxical status of writing as protection from awakening on the one hand, and the need to write in order to preserve some form of memory, is taken up again in *Gipshut*. Hans Kielkropf's infatuation with printed matter and his work as a journalist are obvious ironic treatments of the same theme. The ambition and futility of Hans's writing are already evident in his school years, when Hans resolves to support the Soviet invasion of Czechoslovakia:

> Eine Erklärung würde er schreiben, in welcher stünde, daß er, Hans Kielkropf aus Nudow, die Maßnahme uneingeschränkt begrüße, und vielleicht würde er auch seine Direktorin Frau Gude bitten, ihm diese Erklärung säuberlich in die Schulschreibmaschine zu tippen, um mit Hilfe der Tipplettern größere Gewichtigkeit demonstrieren zu können und um Gelegenheit zu haben, mit zwischen die Seiten gelegtem Kohlepapier mehrere Durchschläge, sprich: Beweise zu verfertigen. Es war ein echtes und wahres Gefühl, das sich in Hans breitmachte. (*G*, 70)

The element of political parody is clearly dominant here in the depiction of Hans as the aspiring socialist citizen. But, in scenes involving the fairy-tale figure of Pschespoldnitza, speaking animals or plants, and optical illusions, the very narrative of Hensel's novel itself appears to dissolve into surreal images that are designed to undermine the allegorical nature of the plot. They serve to situate the story firmly in the realm of the imaginary and thus remove it from the factual world of politics and history. The reader is at times as disoriented as Anna and Paul are in their struggle to gain control over their natural environment, echoing Paul's exasperated commentary: 'Jetzt blick ich nicht mehr durch' (*G*, 162). During the scene on the lake, for example, when Anna and Paul accidentally release a huge plaster spring, a little snake speaking in dialect mocks the possibility of reading its entry as a symbolic, over-determined sign. By using the local vernacular for the oracle of imminent doom for the German-German research team, the scene resists interpretation as a serious allegory on unified Germany and becomes instead a satire of the allegory itself. As the reader ponders the meaning of the snake's prophecy, 'Den Gipshut jelüftet / Dat Leben verdüftet' (*G*, 162), Hensel swiftly cuts back to the story of Veronika Dankschön. She is busy replacing worn-out elastic bands in Hans's underwear, commenting resolutely: 'Ohne richtje Schlüppa jeht jar nischt' (G, 163).

The effect of such a construction that oscillates between political irony and literary fairy tale is often comical and puzzling. This strategy mocks what Hensel's own fictional editor in *Auditorium Panoptikum* criticizes in that manuscript: 'vor allem Fairytälismus fällt mir ein, nachdem ich Ihr Manuskript, das Sie einen polyphonemen Roman nennen, gelesen und weggelegt habe' (*Au*, 266). If the mythical figure Pschespoldnitza is still able to force Anna and Paul to tell stories of their lives with the grand assertion 'Ich lebe von der Sprache der Menschen' (G, 82), then this life-sustaining power of language has run out by the end of the novel. Veronika Dankschön simply laughs the fairy-tale figure out of her house: 'Nicht einmal ihre zweite Bedingung hatte sie [Pschespoldnitza] anbringen können, denn gegen das Gelächter, dieses dumme, sinnlose Gelächter, war sie machtlos. Nichts hielt Veronika am Leben' (G, 179). Hensel's ambivalence regarding the therapeutic powers of language and writing, which was examined above in *Tanz am Kanal*, is thus evident in her later novel as well.

The author creates a literary world of her own in which politics are often prominent but are also ridiculed by the very banality of everyday life and by the surreal fairy-tale episodes. In order to highlight the fantastic character of her storytelling, Hensel is, furthermore, developing a cast of characters who frequently return from earlier writings: the policeman Paffrath and the bartender Semmelweis-Märrie in *Im Schlauch*, *Tanz am Kanal* and *Gipshut*; Katka Lorenz in *Tanz am Kanal* and *Neunerlei*; and Gabriela von Haßlau in *Tanz am Kanal*, who reappears (by accident) as Anna von Haßlau in *Gipshut*.[24]

A refusal to see literature instrumentalized for political satire alone, together with the desire to reflect critically on questions of national history and social inequalities, necessarily produce a tension between symbolical allegory and fantastic storytelling in Hensel's writings. In Germany's current political climate of intense discussions on the aftermath of unification it comes as no surprise that *Gipshut* in particular was considered overly symbolical in its main metaphor of 'plaster' for the crumbling conditions of an ageing GDR state and its explosive final scene. But a closer reading exposes the complex structure of Hensel's prose and the attempt to balance the allegorical with the literary. The ironic and conflicting treatment of writing as a metaphor for freeing the individual from past trauma in *Tanz am Kanal* and the laughter with which Veronika Dankschön refuses the demand for stories from the mythical figure Pschespoldnitza deny the possibility of relegating Hensel's literary writing to a utopian space that allows refuge from the political. Hensel provides no road for escape but uses her bold and clever tales to encourage laughter. This laughter is not always cheerful but shows an awareness of larger historical and political contexts and continuities. Hensel's prose is conscious of the simplifying potential of an overly historicized literature without rejecting its historical referentiality. In this sense her prose texts can be read as a literature of social memory, but one that continuously attempts to balance the symbolic with the aesthetic. Hensel knows that a literature of social memory works against collective amnesia, but also creates history, as the poet Elke Erb put it: 'Zeugnis ablegt, Zeugnis ist, sogar erzeugt'.[25]

Notes

[1] *G*, 210: 'Es gibt kein Schicksal, es gibt nur Geschichte.'

[2] Kerstin Hensel, typescript on her literary influences, provided by the author.

[3] Wilhelm Müller and Franz Schubert, *Winterreise* (Hayes, Middlessex, EMI Records, 1990), 21.

[4] Hensel does not participate in the soul searching regarding Stasi activities and writers' responsibility. In *Tanz am Kanal*, Stasi informant Gabriela never articulates her feelings about her participation. Rather, she acts out her sense of oppression and suffocation, indicated by the constant fog that enshrouds her, by impulsively attempting to kill the Stasi agents in the boat.

[5] Klaus Hammer, 'Literature as Social Memory', in Patricia Smith (ed.), *After the Wall* (Boulder, Westview Press, 1998), 251.

[6] Ibid., 253.

[7] Compare Stephen Brockman, *Literature and German Unification* (Cambridge, Cambridge University Press, 1999).

[8] Christine Loetscher, 'Gips und Aspirin', *Tages-Anzeiger*, 23 December 1999.

[9] As opposed to Thomas Brussig's *Helden wie wir* in which the protagonist Klaus is born on 20 August 1968 as a direct result of the disturbance of troops marching past the village towards Czechoslovakia.

Brussig's first-person narrator thus states that he was born 'into a political world'. Thomas Brussig, *Helden wie wir* (Frankfurt, Fischer, 1998), 5.

[10] Compare, for example, Katharina Döbler, 'Ein Deutscher namens Hans', *Neue Zürcher Zeitung*, 23 November 1999, or Hannes Schwenger, 'Hensels Symbole purzeln', *Die Welt*, 24 December 1999.

[11] Brita Baume, 'Mein Thema war nie die DDR', in H. Grubitzsch, E. Kaufmann and H. Scholz (eds.), *Ich will meine Trauer nicht leugnen und nicht meine Hoffnung* (Bochum, Winkler, 1994), 66.

[12] Anna Mudry, *Gute Nacht du Schöne* (Frankfurt, Luchterhand, 1991), 120.

[13] Ibid., 118.

[14] Compare Eva Kaufmann in Chris Weedon (ed.), *Postwar Women's Writing in German* (Oxford, Berghahn Books, 1997), 221ff.

[15] In Brita Baume, 'Mein Thema war nie die DDR', 66.

[16] Roland Barthes, *Writing Degree Zero* (New York, Noonday Press, 1968), 2.

[17] Thomas Rosenlöcher, *Ostgezeter* (Frankfurt, Suhrkamp, 1997), 21.

[18] Although with regard to the plaster metaphor and socialist terminology of *Gipshut* she has been accused of exactly this overuse of intense symbolism. Compare, for example, Kathrin Schmidt's review 'Früh-kindliche Infektion mit Gedrucktem', *Freitag*, 8 October 1999.

[19] Rosenlöcher, 26.

[20] Hensel explained in a conversation with me that the name Leibnitz represents a combination of her hometown, Chemnitz, and the city of Leipzig, where she later lived and studied.

[21] There is a doubly subtle irony here based on Hensel's choice of 'Varizen' as the claim to fame for Gabriela's father. 'Varizen' are obviously on the 'low-brow' end of surgical procedures. Moreover, there is a social component to the choice of varicose veins. In numerous oral histories by East German women, which were published in the immediate post-unification period, there are descriptions of the former GDR economy as one that was supported mainly by women in their fifties with varicose veins. Because of generous maternity leave policies for younger women, the burden of carrying on was placed on older women. The importance of Gabriela's father's surgical specialty thus does not primarily derive from its pioneering medical accomplishment but from the state's need for an efficient specialist in varicose veins. Compare Dinah Dodds and Pam Allen-Thompson (eds.), *The Wall in My Backyard* (Amherst, University of Massachusetts Press, 1994) and Brigitte Young, *Triumph of the Fatherland* (Ann Arbor, University of Michigan Press, 1999).

[22] *TaK*, 69: 'Das weiße Laub verbrennt . . .'

[23] Julia Kristeva, *Black Sun* (New York, Columbia University Press, 1989).

[24] This name change occurs only once in *Gipshut*. Hensel explained to me that the change from Anna Fricke to Anna von Haßlau was actually a typographical error in the novel. However, the error resulted from a name change that the publisher had suggested. Instead of calling her protagonist Anna von Haßlau, as Hensel had originally planned, the publisher preferred a different name altogether, thus eliminating the reference to Hensel's earlier *Tanz am Kanal*. Hensel agreed to this change but, by oversight, one reference to *Tanz* stubbornly remained, thus inadvertently continuing her practice of recycling names and characters in her texts.

[25] Elke Erb, 'Es könnte ja auch ein Herz geben, oder?', *Weibblick*, 5 (1999), 21.

11

Dancing the (Un)State(d): Narrative Ambiguity in Kerstin Hensel's *Tanz am Kanal*

JENNIFER RUTH HOSEK

Reading *Tanz am Kanal*, I wanted to 'believe' the first-person narrator. The text encourages identificatory readings, and yet it simultaneously thwarts efforts to accept any diegetic verisimilitude completely; time is convoluted, logic is inconsistent, no narrative voice is definitively authoritative. As a *Wenderoman* and, as Steingröver shows, more than a *Wenderoman*,[1] *Tanz am Kanal* thematizes the impossibility of telling the 'truth' – about the GDR, about united Germany, about the *Wende*, feminism, gender and identity. In doing so, it comments on subject construction within dominant narratives, including reader expectations, and suggests possible forms of resistance to such construction.

The description of the rape, for example, comments radically on narrative construction and demonstrates the extent to which readers' expectations are implicated in upholding dominant discourses. On one level, the text constructs the rape as a 'real' diegetic event. To do so, it draws particularly on feminist perspectives that seek to give voice and credibility to rape survivors' narratives. These attitudes importantly inform scholarly work on artistic representations of sexual violence. In discussing fictional rape, for example, Linklater argues that 'with its shocking and very real results rape can never be simply aesthetic, it cannot function purely as a metaphor'.[2] Such a statement demonstrates the weightiness, as Susan Bordo might describe it, that rape narratives bear for feminist audiences.[3] Cheney distinguishes between texts that naturalize and neutralize rape – defining it on patriarchal terms – and texts that denaturalize rape – implying the reader's complicity in the conditions that produce such sexual violence and privileging survivors' discourses.[4] Feminist readings of *Tanz am Kanal* as the latter sort of text will tend to read the rape as a 'real' diegetic occurrence, as well as a metaphor of Gabriela's violation by patriarchal, totalitarian, authoritarian and capitalist power structures.

Whether or not the perspective is explicitly feminist, such a reading of *Tanz am Kanal* is indeed the norm. Scholarly analyses might point out that the narrator and certain textual elements are unreliable or fantastic, but the rape sequence is not included among these elements. Newspaper reception shows a similar tendency. Adhering perhaps to strategies common in GDR literary criticism, German newspapers with historical roots in the GDR generally emphasize the text's accurate representation of the GDR and the *Wende*, as well as the plot's plausibility. They back up their arguments with stylistic analysis. The novel's fantastic elements are underplayed or ignored. The rape is not classified as a fantasy, nor exclusively as metaphorical, but rather as a concrete diegetic event.[5]

Reception in historically West German, Austrian and Swiss newspapers often discusses the fantastic elements and logical inconsistencies in the text, yet stops short of questioning the rape's occurrence. Walter Hinck of the *Frankfurter Allgemeine Zeitung*, for example, takes *Tanz am Kanal* to task for thwarting the readers' initial expectations that the novel be an 'enthüllende Rückschau auf Lebensverhältnisse der DDR'. He adds 'anscheinend hat sich Kerstin Hensel nicht entscheiden können, ob sie eine wirklichkeitsgebundene Lebenschronik oder die Geschichte einer Schelmin schreiben sollte'. He does not count the rape as a 'schelmisches' element.[6] In criticizing Hinck's need to catagorize the novel by genre, Manfred Stuber of the *Mittelbayerische Zeitung* celebrates *Tanz am Kanal*'s 'adventurous' narrative linkage. Despite his celebration of these adventures as fantastic, the rape is explicitly discussed as having taken place.[7] The *Neue Zürcher Zeitung*'s Samuel Moser discusses the text's *mise-en-abîme* quality and emphasizes the tale's veridical instability: 'Das Buch *Tanz am Kanal* selbst ist Teil einer Realität, die aufhört, sich von Fiktion zu unterscheiden.'[8] For Moser, however, the rape itself is not a fiction. Rather, the 'Nein' of Gabriela as Paffrath kneels in front of her on the sofa is explicitly linked to the 'Nein' of the rape. Interestingly, Moser's linguistic linkage of the two events is not explicitly present in the text: there is no 'Nein' in the rape scene in the park. This implies that for Moser the rape has a high veridical value. Rudolf Walter Leonhardt's commentary in *Die Zeit* is particularly telling. Although his article highlights the text's logical inconsistencies, he does not point out any that are linked to the rape. Instead, he compliments the tasteful description of the violent act, implying belief in its textual versimilitude.[9]

The closest to an exception to this rule is the article in the *Salzburger Nachrichten* by Anton Thuswaldner entitled 'Selbstverstümmelung'.[10] Thuswaldner implies that the entire text is an 'invented' autobiography written by Gabriela (for him a character only slightly distanced from Hensel herself). By implication, then, the rape is also an invention. Yet the article's title highlights the supposed self-violation that symbolizes the character's self-destructive relationship with herself and the author's self-destructive relationship with her own autobiography. Uncomfortably close to the 'she asked for it' myth, Thuswaldner's reading nevertheless demonstrates that even rather feministically uninformed analyses grant great significance to the violent act. In its play with ambiguity, the rape narrative is highly authoritative and the reader is inclined to accept its occurrence in the diegetic.

Such readings are encouraged by the text, which uses many techniques to narrate the rape as 'real'. Most generally, the first person is used throughout, inviting the readers to identify with and thus believe the narrator, Gabriela. Nottscheid has described in further detail how Gabriela is formally constructed as an identificatory character.[11] Regarding the assault specifically, while the events occurring beforehand and afterwards are in the simple past, the rape is narrated in the present tense. Narrative time is also slowed down relative to most of the text, which often employs single phrases or sentences to describe long periods of time. The rape description also relies primarily on small, concrete details. These techniques, common in Hensel's work and again effective here, bring the events close to the readers and encourage them to live the events in textual 'real time' along with the protagonist.

Yet the novel simultaneously creates ambiguity by withholding unequivocal, authoritative evidence that the rape is a concretely occurring diegetic event and by encouraging opposing readings. For example, Gabriela's reliability as a narrator is questionable. As the text progresses, she is increasingly depicted as confused and potentially 'krank', which marginalizes her voice and diminishes its authority. Furthermore, near the text's conclusion, Gabriela's motives for writing her autobiography are exposed as potentially market driven and hence of dubious authenticity. Waiting in Paffrath's apartment for his return, the narrator muses on the importance of delivering a good yarn to the MAMMILIA readers. She considers the possibilities that might be generated by meeting the *Hauptkommissar* in the nude:

> Aber ich werde Paffrath ohne alles empfangen. Der in seiner Uniform! Nackte empfängt Polizisten. Schlagzeile in der MAMMILIA. *Das* wäre es! *Die* Nummer! Ich muss meine Geschichte zu Ende bringen, einen grossen Knall erfinden, damit ich 'rauskomme aus dem letzten Loch. [...] Auch ein Block feines weißes Papier. Diesen vor mir, setze ich mich an den Tisch. Anhaltinischer Adel. Ffon Hasslau. Dichterin. Nackt vor einem Bullen. Wer soll das glauben. Die Leserinnen der MAMMILIA warten auf die Fortsetzung der Story. Das mit dem Adel ist gut. Mein Vater war ein bedeutender Arzt. Das hatten wir schon. Es muss anders enden, völlig unerwartet. (*TaK*, 113)

Until this point, the juxtaposed and interwoven childhood and adulthood strands of the narrative have been highly credible. Their styles are relatively realist and their narrators reliable. The above scene for the first time implies that even the beginnings of the novel have been constructed according to market demands by a profit-oriented protagonist who is unconcerned with accurate or authentic representation. This destabilizes the text's authority and diminishes the credibility of the rape narration.

For readers, then, the primary unexpected final 'Knall' is not a meeting in the buff, but the moment at which the ambiguousness of the rape's occurrence becomes evident on all levels of narration. This occurs in the description of Gabriela's sexual relations with Paffrath:

> Er trägt mich zum Sofa. Ich liege auf dem Bauch. Er kniet sich vor mein Gesicht. *Nein!* will ich rufen. Paffraths weiche Hand fasst mir unters Haar, hebt den Kopf. Weiss Beine Bauch Brust, weiss, alles weiss. Jedes Härchen erkenne ich auf seiner Haut.
> – MeineGutemeineLiebemeineSchöne.
> *Nein!* Paffrath legt meinen Kopf zurück aufs Kissen. Ich drehe mich, ziehe die Knie zur Brust, die Arme umschlingen Schenkel und Waden. Ich mache mich klein, unsichtbar. Paffrath hilft nach, drückt meinen Hintern nach oben und zeigt mir in der Tiefe, was er will. Ich rolle auf die Seite, bleibe liegen. Reglos.
> – Es ist das erste Mal?
> Paffrath steigt verwundert vom Sofa, lächelt, geht in den Flur, bringt die Tüten herein.
> – Hosen oder Rock?

Irgend etwas muss geschehen sein. Die Story bricht ab. Schlimm war es nicht. Schön auch nicht. Paffrath legt einen hellen, zartgeblümten Rock auf meinen nackten Bauch. (*TaK*, 118–19)

On the one hand, this scene encourages readers' suppositions that Paffrath was involved in the first rape. Gabriela's position, Paffrath's movements, Gabriela's anguished 'No', the phrase, 'MeineGuteMeineLiebeMeineSchöne', and the image of the skirt on her bare stomach allude to the previous description of the rape. On the other hand, Paffrath's question 'It is the first time?' destabilizes the authority of the rape narrative. The ambiguity is further heightened by Paffrath's questionable reliability as an informer; his masculine, official voice is both credible and incredible.

Gabriela's thoughts concerning her MAMMILIA story production are linked to the intercourse scene with Paffrath by adjacent placement and similar thematics, as well as by temporal and geographic proximity in the diegetic. Precisely in these scenes the narrative's ambiguity begins to enable alternative identity construction by resisting the particular narration of the East German woman as victim.

This victim narrative in which Hensel's text intervenes is a multivalenced strand of the weave of *Wende* discourses. It was articulated in part by inhabitants of the new German states themselves. For instance, the early 1990s saw an increasing number of fabricated cases of right-extremist attacks.[12] Two cases received particular attention. The first, in early January 1994, was Elke J. of Halle, a seventeen-year-old woman who reported that three rightist male youths had scratched the symbol of an iron cross into her cheek. After 15,000 people had demonstrated in response and sympathy, the tale's falsification was discovered.[13] The second was Elke S. of Potsdam, who in October 1994 falsely reported having been pushed from a tram by skinheads. 'Diese Frau belog ganz Deutschland', read the *Bild* headline.[14] These and other cases like them were attempts at gaining leverage against oppressive social and financial circumstances. The 'survivors' translated their seemingly individual concerns into concerns shared by more of the general populace. These fabrications and the reliance of Hensel's narrative strategy on ambiguity are symptomatic of felt experiences of oppression during the *Wende* and attempts at resisting these oppressive circumstances.[15]

The scenes between MAMMILIA's reporters and Gabriela again demonstrate the construction of her as *Wende* victim. The novel's biting descriptions of these interactions challenge the appropriateness of the MAMMILIA project and the brand of feminism that enables it. This contestation is particularly relevant in relation to the *Wende* period negotiations of power and meaning between West and East German women regarding women's identity and women's activism.

MAMMILIA is a parody of the well-known West German feminist magazine *Emma* that symbolizes a radical and separatist brand of West German feminism in much of the popular imagination. The name puns intertextually on the politics of difference in Western sex/gender discourse to make a Marxist woman-focused critique. MAMMILIA recalls the *homo sapiens* class designation, *mammalia*. This highly politicized label, which employs a characteristic of only the *female* members of the class as the descriptive marker for the *entire* class, highlights *difference* between the male and female, rather than similarity.[16] Further, in the 1700s, when Linnaeus was devising such classifications, bourgeois women commonly employed wet-nurses in the hopes of retaining the 'virginal' condition of their own breasts and thereby their own sex appeal.[17] These wealthier women often exploited poorer women in complete disregard of their common sex. In *Tanz am Kanal* the bourgeois, capitalist reporters are equally blindly exploitative of the homeless East German woman, Gabriela. Here, too, exploitation occurs both *despite* their common sex and, indeed, precisely because their common sex *enables* the specific instrumentalization. This situation is exacerbated by a feminist consciousness *sans* class-consciousness within a capitalist system.

The rape narrative thus functions in various ways. Perhaps most evident is the critique of patriarchal discourses of sexual violence. The text also, however, exposes the ways in which various narratives construct victims. Moreover, by first drawing readers into 'believing' the victim narrative, then confronting them with the narrative's ambiguity, the text implicates readers in such victimizations. This particularly highlights the ways in which *Wende* discourses and Western feminist discourses sought to construct East Germans, especially women, as victims. The insistence on ambiguity enables the protagonist and the text to resist such subjectivization.

The text also comments in other ways on power and societal norms and the manners in which individual identities are constructed in them. In *Excitable Speech* Judith Butler considers how a given subject is continuously (re)defined according to narrative constraints and explains that this structuring of the subject is necessary for the subject to exist viably. Within such a system, certain norms of discourse apply: 'If the subject speaks impossibly, speaks in ways that cannot be regarded as speech or as the speech of a subject, then that speech is discounted and the viability of the subject called into question.'[18] This description maps Gabriela's fraught subjectivization in *Tanz am Kanal*.

Her subjectivization is formed in and reveals the competing logics within the diegetic. For example, the *differences* between the descriptions of the rape demonstrate precisely how the patriarchal, totalitarian system functions to render its citizens voiceless. The description to the readers is direct and poignant, while to the police Gabriela says only 'Ich bin soeben überfallen worden', and even this abbreviated explanation is curtailed by the policemen's objections and censure (*TaK*, 69). In particular, when Gabriela relates that the rapists called her a 'Binka',[19] one *Volkspolizist* calls her a treasonous liar and declares that her wounds are self-inflicted. The policeman's words demonstrate a more detailed knowledge of the event than those not present could have. He knows that there were two perpetrators, although Gabriela speaks only of a plural 'sie' and later confusedly of three men (*TaK*, 69). This links at least one of the officers directly to the crime and symbolically links them both to the larger repressive power discourses. These authority figures narrate the socially acceptable reality, silencing accounts of sexual violence that conflict with the state's identity narrative. Such branding and discounting subjectifies Gabriela in hegemonic societal terms. The protagonist's self-censorship, evidenced by her nearly complete inability to articulate her experience to the authorities, is also part of this discursive self formation.

Gabriela's self-censorship demonstrates the relationships between language and power. As other critics have pointed out, the protagonist's exploration of these links begins during her earliest biography as she learns that certain words have certain owners and that rights of articulation depend on one's 'Prestiesch'.[20] Gabriela's experiences with Frau Popiol also demonstrate that events can have very different meanings, depending upon their articulation. When Popiol kisses her, Gabriela expresses it in terms of her own joy at the interaction. Her father describes the moment differently and his dominant narrative exerts the greater definitional influence, constructing Popiol as sick and forbidding further meetings (*TaK*, 21). This early experience encourages Gabriela to recognize the political nature of labels and the societal norms shaping them and to distinguish various audiences and articulations. The point, she learns, is not to describe one's reality, but to understand which catagorizations and narratives produce which 'reality'.

The text implies that some resistance to such normative subjectivization is possible. Gabriela retains unique definitions for certain societal terms. In the above example, for instance, she understands 'sick' differently from her father and feels no aversion or fear relative to Popiol. She also retains her relationships with outsiders such as Popiol and Katka. Yet the effectiveness of this resistance is ambiguous. Gabriela's position on the margins of society encourages readers to grant Gabriela's figure a critical consciousness, yet also to question her definitional reality. In one instance, the policeman Paffrath and the homeless writer Gabriela articulate different definitional narratives as they walk together on 'her' canal bridge. Referring to the bridge, Gabriela remarks:

- Hier habe ich gewohnt.
Der Polizist lacht.
- Jetzt übertreiben Sie aber!
Wir bleiben stehen, lehnen uns über das Geländer. Unten rauscht der Kanal, von den Uferhängen hängt Schnee über, grosse weisse Ballen zaubrischen Zuckers. Auch das Mooshäuschen ist eingeschneit.
- Wissen Sie, wer darin wohnt?
- Streusand. - Paffrath zündet sich eine Zigarette an, gibt mir auch eine. Schweigend rauchen.
- Warum schütteln Sie den Kopf, Frau von Hasslau?
- Weil es nicht wahr ist.
- Sie haben die Geschichte erfunden.
- Nein. (*TaK*, 92)

Presenting the sober and judgmental account of the authority figure in opposition to Gabriela's poetic and childlike chronicle highlights the contingent nature of each narrative and invites reflection on the criteria that readers might use to determine the credibility of each. However, Paffrath's response to the question regarding Popiol's house carries more normative authority than Gabriela's. Furthermore, his use of 'Sie' and 'Frau von Hasslau' when addressing Gabriela underscores that reality construction and subjectivization in normative society require adherence to certain narratives.

By thematizing narrative contingency, the text demonstrates the difficulties of achieving an authoritative narrative voice, and points to some possibilities for articulated resistance within dominant discourses and to the limits of these possibilities. Another type of resistance is precisely the unarticulated, for instance, artistic production that remains uncommodified by being withheld from the reader.

Gabriela's experience in the KABINETTMÜHLE demonstrates the possibilities for an art that is not commodified. Although she is hired to perform as part of her duties as an unofficial secret police operative (*IM*), her involvement there has nothing to do with this official task. Importantly, in contrast to the rest of the first-person tale, we readers do not hear the words that she speaks to the audience.

> Ich las, was ich geschrieben hatte. Erst leise wie durch Watte gesprochen, dann füllte die Stimme tönend herausfordernd den Raum. Am Ende wurde geklatscht. Ich stieg in den dunklen Abgrund des Publikums. Wooling. *Ice-cream.* Ein paar Leute scharten sich um mich: Woher ich *die* Ideen hätte, toll, *ich* würde mir was trauen! – Heißes schamhaftes Glück. (*TaK*, 103)

In remaining unarticulated and hence uncommodified, Gabriela's lines have a status that the rest of her account constantly risks losing.

It is precisely within this space of non-articulation that Gabriela is depicted as realizing a sense of personal identity. This identity narrative is comparatively authoritative. Unlike elsewhere in the novel, here the text does not problematize the credibility of Gabriela's account, for instance, by offering competing explanatory narratives for Gabriela's feelings, actions or the circumstances themselves. Instead, it encourages the reader to rely on the character's reported subjective reality and the effect that her performance has on it. As Gabriela prepares for her stage entrance, she relates 'Das war *ich*. Eine angehende Dichterin' (*TaK*, 100).

Wendy Brown's work on 'forced' narratives helps to illuminate this scene. In a situation in which non-dominant subjects cannot be heard outside of the 'forced' narrative that constructs them, silence acts as a site of potential resistance.[21] Here, the selective silences in the text perform such resistance. First, they remind readers of their own collusion in the production of commodified art. Second, within the diegetic, the silences resist the forced narrative of the Stasi operatives who would construct Gabriela as an *IM*. Further, to the club's audience, relative to whom her silence is articulated, Gabriela's words are an expression of self. Thus this selectively articulated speech-silence, manifested as non-commodified art, resists the 'forced' subjectivization of the larger societal structure.

This moment of artistic/self-expression that remains unarticulated for the reader is qualitatively unique. Significantly, it is described as a pleasant awakening. This contrasts with the rest of the text, in which Gabriela in part uses artistic production in the form of writing to *obstruct* awakening, that is, to resist being completely defined by 'forced' narratives. The acceptance of her work by a West German press promises her a certain access to normative society, as demonstrated by Paffrath and the MAM-MILIA readers' interest, yet such subjectivization only enables Gabriela a limited self construction. In contrast, her selectively articulated speech-silence is more effective in enabling articulation on her own terms, albeit further on the margins of dominant society.[22]

This artistic self-expression that is so crucial for Gabriela's resistant (re)articulation has no specific political agenda. The compliment which falls in regard to her work, 'ich würde mir was trauen!', can be read as containing a somewhat political message, yet even such a reading must conclude that the sole immediate effect is to gain her acceptance and acclaim. The other pieces performed at the KABINETTMÜHLE are also described in terms of the emotions they elicit, rather than on formal and/or overtly political terms. The emotion and energy that they generate among the audience members can be read as relatively narcissistic and self-indulgent – Gabriela, for example, takes no notice of Katka's artworks; but this energy enables characters, most explicitly Gabriela, to go wherever they want. The KABINETTMÜHLE is itself first and foremost a space of self-expression and communication. Its name resonates with the West German *Kabinett*, in which political decisions are made, and the word *Kabarett* – the popular politicized theatre in the GDR. It also refers to the 'Leipziger Kabarett', the *Pfeffermühle*. Yet, importantly, the description of the KABINETTMÜHLE is fantastic, implying a politics that is not manifestly ideological. By representing the relative effectiveness of this 'non-engaged' art, the text demonstrates the productiveness of an aesthetics that is not overtly political.

Tanz am Kanal does not offer 'authentic' representation, but instead employs the promise of it to encourage recognition of the expectations that readers bring to texts and how these expectations influence our reading. The text's play with narrative forces us to consider which voices we deem reliable and how this implicates us in subjectivization. The novel particularly interrogates the specific discourses that construct East German women as victims. Its willingness to destabilize even the hard-won authority of rape survivor narratives in order to make what is primarily a class critique is symptomatic of the oft disparate, contested and contentious strategies and logics of East and West German women, particularly during the *Wende* period. *Tanz am Kanal* articulates resistances to subjectivization by dominant narratives by demonstrating the contingencies of discourses' development, existence and function, as well as by modelling selectively articulated speech-silence from the hegemony's margins. The results – potentially profitable or decidedly dangerous – are left ambiguous, open to interpretation.

Notes

[1] See Chapter 10 of this volume.

[2] Beth Linklater, '"Die Vergewaltigung [. . .] ist nicht das Thema meiner Erzählung": Rape and Female Identity in the Work of Christoph Hein', in Bill Niven and David Clarke (eds.), *Christoph Hein* (Cardiff, University of Wales Press, 2000), 62–82.

[3] Susan Bordo, *Unbearable Weight: Feminism, Western Culture, and the Body* (Berkeley, University of California Press, 1993).

[4] Deborah Cheney, 'Visual Rape', *Law and Critique* 4, 2 (1993), 189–206, (here 197). This useful distinction is, nevertheless, difficult to define. For example, Hensel reports a strong response to Annette Gröschner's *Maria im Schnee*, a short story describing a rape that actually occurred. Hensel considers Gröschner's naturalistic representation aesthetically problematic

and politically ineffective primarily because of its tendency to enable voyeuristic reader positions relative to the event (personal interview, 9 December 1997).

⁵ For example, Margarete Hanssmann, 'Hoffnungsvoll ohne Hoffnung. Kerstin Hensels Erzählung *Tanz am Kanal'*, *Freitag*, 25 November 1994; Joochen Laabs, 'Ziellauf der Wörter', *Neues Deutschland*, 5–10 October 1994; Beatrix Langner, 'Die Büsserin von Leibnitz', *Berliner Zeitung*, 4 October 1994. While it goes beyond the scope of this chapter to consider reasons for this tendency to emphasize the text's veracity, one significant influence is certainly GDR *Literaturbetrieb* norms. Formal GDR literary training, with its basis in the socialist-realist tradition, placed a high value on a text's ability to represent the real world authentically. However difficult it may have been to determine what this meant in practice, texts that were considered as having adhered to this norm were favoured politically and were therefore published and distributed. Conversely, those that were politically problematic could be rejected on the grounds of not having successfully adhered to this norm. The most inconsequential 'variance' could be and was, to a greater then lesser extent, used as grounds for rejection. Critics could promote a text's publication and distribution by emphasizing its representational veracity.

⁶ Walter Hinck, 'Simplizissima unter der Brücke', *Frankfurter Allgemeine Zeitung*, 2 November 1994.

⁷ Manfred Stuber, 'Vom sozialistischen Umgang mit den Wunden', *Mittelbayerische Zeitung*, 11–12 March 1995.

⁸ Samuel Moser, 'Unter falschem Namen', in *Neue Zürcher Zeitung*, 6–7 May 1995.

⁹ Rudolf Walter Leonhardt, 'Wo man "nüsch" sagt', *Die Zeit*, 7 October 1994.

¹⁰ Anton Thuswaldner, 'Selbstverstümmelung', *Salzburger Nachrichten*, 22 February 1995.

¹¹ Mirko Nottscheid, 'Keiner weiss mehr meinen Namen. – Lesarten zu Kerstin Hensels Buch *Tanz am Kanal'*, in Konstanze Goerres-Ohde and Andreas Stuhlmann (eds.), *Reflexionen in Texten – Bilder vom Menschen: Für Horst Ohde* (Hamburg, Lit Verlag, 1997), 94–5.

¹² 1994, for example, saw nineteen cases in Berlin, three times the number in 1993. Jeanette Goddar, 'Vorgetäuschte Skinhead-Überfälle', *Die Tages-zeitung*, 5 January 1995.

¹³ 'Anschlag: Nazikreuz selbst geritzt', *Focus Magazin*, 17 January 1994.

¹⁴ 'Kriminalität: Trittbrett für Opfer', *Focus Magazin*, 24 October 1994.

¹⁵ Hensel does not believe her work to have been directly influenced by these events (interview, see note 4). Direct influence on the *writing* notwithstanding, the contemporary issues involved – 'truth',

representation, power, narrative – resonate with informed *Tanz am Kanal* readers.

[16] Famously, the physician who devised this classification, Carolus Linnaeus (1707–78), could have chosen another readily apparent, uniquely mammalian characteristic that was common to all members of the class (fur). Although Linnaeus's reputation as a womanizer implies that his focus on the breasts of *female* mammals rather than the fur of *all* mammals was more than academic, it was also overtly political. He believed that all women should breastfeed in order to decrease infant mortality. See Marilyn Yalom, *A History of the Breast* (New York, Ballantine Books, 1998), 108–10.

[17] Klaus Theweleit, *Male Fantasies*, trans. Stephen Conway (Minneapolis, University of Minnesota, 1987), 345.

[18] Judith Butler, *Excitable Speech: A Politics of the Performative* (New York, Routledge, 1997), 136.

[19] Although the label 'Binka' has no specific meaning, Hensel does recall the Saxonian slang expression, 'Du bist eine doofe Binka!', which to her means something similar to crazy (*behammert*). Moreover, to Hensel the word's sound is pejorative. The name marks Gabriela, much as the label of Jew might mark (interview, see note 4). The use of this word alters interestingly throughout the text. Most intriguing here, it first is a label forced on Gabriela by authority figures, while later the young woman reclaims it in a manner analogous to her attempts to reclaim her identity via narration and silence.

[20] See Chapter 10 of this volume.

[21] Butler, 137.

[22] The relationship of Gabriela to her writing and to the homeless people is also an ironic commentary on the position of East German writers after the *Wende*. In the GDR, artists were importantly positioned as *porte-paroles* for the citizenry and as societal critics. In the unified Germany, these writers lost much of their status. The accusation of one of the homeless, 'Die is nüsch dicht! Die hat 'ne Villa, die horcht uns nur aus!' (*TaK*, 106), points to debates concerning the purported collaboration of writers with state regimes – any story can be told to achieve personal gain.

12

Das Komische begreifen, ohne es fassen zu können: Gegenwelten in *Gipshut*

ANTJE BAUMANN

Wer über Komisches ernsthaft nachdenkt, wird dessen Wirkung auflösen. Nicht nur Linguisten wissen, dass nichts sicherer einen Witz zerstört als eine Analyse. Trotzdem gibt es offenbar viele Gründe, sich mit Komik ganz ernsthaft zu beschäftigen. Wenn alle Erklärungsversuche für Komisches irgendwie lückenhaft und unbefriedigend bleiben, so könnte dies darauf hindeuten, dass wir als Individuen nur innerhalb unserer eigenen Grenzen zu denken vermögen, Komik jedoch gerade ein Phänomen ist, das sich durch Grenzüberschreitung herstellt.

Komik als Spiel mit Grenzen
Es gibt viele verschiedene Versuche, Komik und ihre Funktionen zu definieren. Am bekanntesten ist sicher Kants Auffassung, dass eine plötzliche Verwandlung einer gespannten Erwartung in nichts komisch sei und also zum Lachen zwinge. Ebenso weitverbreitet ist Bergsons Formulierung: »Etwas Mechanisches überdeckt etwas Lebendiges.«[1] Auch in anderen Definitionsversuchen kommt immer wieder eines zum Vorschein: die Beschreibung eines Gegensatzes, der durch Komik für kurze Zeit sichtbar gemacht wird. Das Lachen kann dabei nicht

> einer bestimmten Lebens- oder Gefühlsschicht zugeordnet werden [...] Es ist dem Dasein überhaupt eigen und d.h. es geht mit seiner Verschiedenartigkeit mit. [...] Was mit dem Lachen ausgespielt und ergriffen wird, ist diese geheime Zugehörigkeit des Nichtigen zum Dasein [...] so dürfte sich das Lachen als ein Spiel verstehen lassen, dessen einer Partner das Ausgegrenzte, dessen anderer Partner die ausgrenzende Lebensordnung selbst ist.[2]

Somit wäre Komik ein Mittel der Interaktion zwischen zwei verschiedenen Welten, von denen wir jeweils immer nur die eine als unsere »wirkliche«, gültige oder vernünftige Wirklichkeit bewohnen, die andere aber aus einer Zeit kennen, in der wir uns ganz fühlten und in beiden Welten zu Hause waren, weil wir die Grenze zwischen ihnen nicht kannten. Freud beschreibt das als »Stimmung unserer Kindheit« und erkennt in Witz, Humor und Komik Mittel, um uns ein Stück aus dieser Stimmung zurückzuholen, »da wir die Komik nicht kannten, des Witzes nicht fähig waren und den Humor nicht brauchten, um uns im Leben glücklich zu fühlen«.[3]

Stellvertretend für viele Beschreibungen der Funktionen von Komik soll hier an diejenige von Jauß erinnert werden, weil sie in der Unterscheidung von Lachen *mit* und Lachen *über* nicht nur eine Typologie von komischen Helden bietet, sondern im Prinzip des Grenzübertritts folgende drei Funktionen von Komik ausmacht: Entlastung von geltenden Normen, Protest gegen eben diese Normen und Solidarisierung mit dem bisher außerhalb der Norm Stehenden.[4] Nach dieser Funktionseinteilung scheint Komik ein vorzügliches künstlerisches (aber auch alltagstaugliches) Mittel zu sein, um in der einen als gesetzt verstandenen Welt eine »andere Welt«, eine »Gegenwelt« oder eine »verkehrte Welt« aufscheinen zu lassen.

Grenzüberschreitungen in *Gipshut*

Um welche Grenzen es in *Gipshut* geht, d.h. welche Gegenwelten zu den vereinbarten Welten entworfen oder entdeckt werden, wird im folgenden untersucht. Dabei soll jeweils beispielhaft gezeigt werden, welche komischen Mittel sich finden lassen, welche Funktionen und welche Wirkungsmöglichkeiten diese haben, wann die Verwendung komischer Mittel glückt und wann nicht. Den Roman eröffnet eine Szene, in der Veronika Dankschön, ein Mädchen von 16 Jahren, im August 1950 per Wassergeburt in einem Brandenburger See einen Sohn auf die Welt (und in die Geschichte) bringt, ohne dass sie von ihrer Schwangerschaft weiß:

Dieser Krampf im Bauch! Veronika dachte, daß etwas in ihr vorgehe, was noch kein Mensch derart erfahren habe und was vielleicht, so dachte sie allen Ernstes, etwas mit dem zu tun habe, wovon jedermann im Dorf sprach, was sie nicht verstand, *weil sie es nicht zu verstehen brauchte, um glücklich zu sein.* (G, 8)[5]

Eine verblüffende Ähnlichkeit mit dem, was Freud als »Stimmung unserer Kindheit« beschrieben hatte, die noch größer wird, wenn wir lesen:

> Libellen, welche [...] hin und her schwirrten, um schließlich, am Bootsrand festgeklammert, in ihrer Paarungsschleife zu verharren, sah Veronika Dankschön *voller kindlicher Freude*. Wie lange sie sich schon im Wasser des Sees mit der Natur verbündete, hatte sie nicht im Gefühl. *Gleichgültig alle Zeit*. Es war Sonntag. (*G*, 9)

Als Gegenwelt zum Erwachsenen-Dasein wird die Kindheit aufgerufen und zwar in Verbindung mit einem Merkmal, das im weiteren Verlauf der Handlung eine entscheidende Rolle spielt: mit der Zeit bzw. mit einem Zustand, in dem Zeit nicht mehr empfunden wird, also Zeitlosigkeit. Der gleiche Gegensatz von erwachsen vs. kindlich durchzieht den gesamten Roman, da der Figur Veronika Dankschön eine Naivität zugeschrieben wird, die sie Dinge, Erscheinungen und Begriffe aus der Erwachsenenwelt aus kindlicher Perspektive sehen, erleben und kommentieren lässt.[6] So poltert sie z.b., als eine Vertreterin der Jugendfürsorge ihr das Sorgerecht für Hans entziehen will, los: »Ick vasteh immer nur Bahnhof [...] *ick hab'n Recht auf Sorjen*, weeß ick, und det wollnse mir wegnehmen? *Schön' Dank* auch« (*G*, 54). Die hier angewandte Technik, um komische Wirkung zu erzielen, ist eine klassische: Mehrdeutigkeit wird zugunsten der wörtlichen Bedeutungsvariante (Recht auf Sorgen) aufgelöst und die konventionalisierte Bedeutungsvariante (Recht auf Vormundschaft / Pflicht zur Fürsorge) dabei zwar ebenso aktualisiert, d.h. mit aufgerufen, aber in einem neuen Licht betrachtet (das Sorgerecht ist eigentlich eine Pflicht bzw. muss im Sinne der Gesellschaft ausgeübt werden). Die beigefügte Wortspielerei mit dem Namen der Figur (Veronika Dankschön – Schön' Dank auch) wirkt in dieselbe Richtung.

Aber auch in reflektierterer – und also nicht komischer – Form erscheint die Welt der Kindheit im Gegensatz zu derjenigen der Erwachsenen. So z.B. im Zusammenhang mit einer der vielen Stellen, an denen Hans gegen den Schlaf kämpft, der ihn gegen seinen Willen durch viele »ziehende Träume [schleppte] [...] die ihn irgendwohin leiteten, in dunkle, mulmige Gegenden, in denen er unterging« (*G*, 127).

> Worüber Hans Kielkropf [...] überhaupt nicht gern nachdachte, obwohl es ihn vor allzu schnellem Einschlafen bewahren konnte,

waren die vergangenen Jahre seines Lebens. [. . .], denn unwillkürlich traf er auf *Komisches und Gemeines*, auf seine Herkunft, die ihm so *lächerlich* erschien, daß er hätte weinen mögen. Selbst seine kindlichen Heldentaten [. . .] kamen ihm mit zunehmendem Verstreichen der Zeit *albern* vor. (*G*, 127)

Kindheit erscheint hier als fremde, als unerwünschte Vor-Welt, weil sie so gar nicht zur Jetzt-Welt mit ihren »große[n], wichtige[n] Aufträge[n]« passt. Der Gegensatz wird doppelt markiert: durch Wachsein und Ernsthaftigkeit (für das Erwachsensein) vs. Schlaf und Komik (für die Kindheit).

Der inhaltlichen Seite des Romans entsprechend, finden sich weitere Gegensatzpaare bzw. Teilwelten, deren anderer (bisher gering geschätzter oder weniger sichtbarer) Teil in die Geschichte und damit in die gedankliche Welt des Lesers hereingeholt wird. Da die Handlungen sich in Brandenburg und Süddeutschland von 1950 bis 1997 abspielen, ist der Gegensatz Ost vs. West ein erwartbarer. Es ist bemerkenswert, dass sich für diese Grenzüberschreitung keine komischen Mittel finden lassen. Statt dessen wird der Gegensatz mittels Merkmalspaaren wie alt vs. neu, dreckig vs. sauber,[7] klein vs. groß, verboten vs. erlaubt[8] aufgebaut, die allesamt unkomisch, manchmal mit ausgesprochen unkühnen Metaphern präsentiert werden und daher eher Reflexionen anbieten als Assoziationen auslösen. Das bedeutet auch, dass diese Thematik im bewussten Bereich verhandelt wird, wohingegen Komik sich ja aus dem Vorbewussten speist, daher auch so überraschend und kreativ wirkt.

Das Gegensatzpaar Tier vs. Mensch kann als eines betrachtet werden, das dem Grotesken dient. In einem Falle wird ein gängiges Mittel zum Lächerlichmachen – das Bezugnehmen auf vorhandene oder zugeschriebene körperliche Merkmale – durch diesen Tabubruch ins Derb-Komische gesteigert und die bisher gültige Sichtweise auf Welt extrem verzerrt. Hans sieht sich in diesem Fall als Bandenchef dem feindlichen Anführer gegenüber, der ihm aus nächster Nähe ins Gesicht haucht:

›'n Kropf biste, 'n richtiger *Krüppel*.‹ – Hans lächelte. Er war auf so etwas vorbereitet. Wie er diese Kerle haßte. Hausmeisterbourgeoisie! Machthaber! Werner trat noch näher. Jeden *Pickel* und jedes sich andeutende *Barthaar* konnte Hans sehen. – ›Und weeßte, wat se sagen, von wode jekomm bist? Deine *Mutter* hat dich im See verlorn, weilses mit'm *Aal* getrieben hat, so isset.‹ (*G*, 53)

Auffällig ist die Verbindung zum Körperlichen, womit ein weiteres Grundelement für das Komische benannt wäre, da zum Menschsein ein Körper gehört. Der Gegensatz wird oft durch die Aufrufung der Gegenwelt des Geistigen hergestellt, denn beides zusammen macht erst das Wesen des Menschen aus. Da aber das Verhältnis zwischen beiden kaum einmal eines ist, in dem beide Teile zu ihren Rechten kommen, wird die spannungsreiche Verbindung Körperlichkeit vs. Geistigkeit von Komik immer wieder thematisiert.

Nachdem er zum Schriftführer des ersten Semesters gewählt wurde, geht Hans in den Studentenkeller. »Er mußte sich Luft machen. Mit jemandem reden [. . .] der seinesgleichen war und ihn verstand. Das erste Mal im Leben: diese Auswahl von Menschen, die Größeres wollten [. . .] Erstrangiges galt es zu lösen, auf hohem Niveau, mit Schöpferkraft.« (G, 83) Den hohen geistigen Ansprüchen steht eine vernachlässigte, unerkannte Körperlichkeit entgegen. Im Sinne von Jauß ergibt sich daraus hier eine Form des Lachens *über* den komischen Helden, ein Lachen, das ihn ausgrenzt und (ver-)treibt:

> Eine Mädchenhand glitt vorn in seine Hose, von überall her lachte es, die Hand streifte kurz sein Geschlecht, um sich sofort wieder zurückzuziehen und dieses schreckliche Lachen aufzudrehen, das aus jeder Ecke [. . .] kam. Dieses Lachen verfolgte ihn [. . .] Das Lachen trieb ihn [. . .] die Straßen entlang. (G, 83)

Eine Szene, die sozusagen einen Topos begründet, ist die erste von etlichen »Laufmaschen«-Szenen,[9] in der die Schuldirektorin Hans die Nachricht überbringt, dass er einen Studienplatz für Journalistik bekommen habe:

> Hans ließ die Hand vom *Kinn* in den *Schoß* sinken. Er hätte aufspringen, vor Freude [. . .] herumspringen mögen. Er sah, wie sich die Direktorin über die Lade beugte. Ihre *Brüste* hingen knapp über dem *Bürozeug*, beim Atmen berührten *ihre Spitzen Heftklammern* und *Stempelkissen*. Es ist *eine große Zeit*, in der ich lebe, dachte Hans Kielkropf, eine pulsierende Zeit. Noch nie hatte er seine und alle *übergeordnete Macht* so nah gespürt, noch nie derart tief und *fleischlich* empfunden. [. . .] Mit einer Hand berührte er das *Universitätsschreiben*, mit der anderen kniff er sich in den *Oberschenkel*. Er sah es ganz genau. An Frau Direktor Gudes *Strumpf*. Das *Loch*. Das winzige,

senfkorngroße Loch an der *Fessel,* von dem aus eine Laufmasche zum *Knie* kletterte [. . .] Er ging vor Frau Gude auf die Knie, drehte den von angetrocknetem Leim bröckelnden Schraubverschluß auf und holte den klebrigen *Pinsel* hoch. – ›Was machen Sie denn da!‹ rief die Direktorin. Schon hatte der Schüler die Rettungsaktion in Angriff genommen und, mit zitternder *Hand,* einen Tropfen goldenen Leim auf das Ende der [. . .] Laufmasche gesetzt. Die Masche stand still. Die Direktorin, *sprachlos,* blickte auf den vor ihr knienden Schüler. ›Ich hab' sie angehalten‹ sagte Hans nach einer Weile gefährlichen *Schweigens.* – ›Nein‹, flüsterte Frau Gude, ›*das kann nicht sein.*‹ (*G*, 72–3)

Hehre, bisher ungreifbare Macht wird hier plötzlich gegenständlich bzw. in solch einer Verbindung zum Körperlichen gezeigt, dass sie auf neue Art empfunden wird. Auch hier treten zwei Merkmale hinzu, die den Roman durchziehen und sehr oft diejenigen Momente begleiten, in denen eine Gegenwelt erkennbar wird: Sprache (sprachlos, gefährliches Schweigen) und Leugnen der eigenen Wahrnehmung als Vorstufe des Zweifelns (Nein, das kann nicht sein). Eine andere Szenerie für diese Kontrastierung bietet die Unfallchirurgie, wo Hans ein Praktikum absolviert, weil er meint, dort am ehesten den Neuen Menschen zu finden. Bei einem Patienten stellt der Arzt fest,

was dem Mann fehlte. Es war ein Finger [. . .] ›Glatter Schnitt‹, sagte der Arzt [. . .] ›*Kreissäge*‹, sagte der Arbeiter stolz. [. . .] [Dann] fiel ihm ein, daß er etwas vergessen hatte. ›*Hier is' noch was*‹, sagte er und holte aus dem Latz der Arbeitshose ein zerknülltes, dreckiges [. . .] Taschentuch hervor [. . .] und präsentierte den abgetrennten Finger. [. . .], und Hans hörte, wie die junge Schwester hell *auflachte* und ihn, Hans Kielkropf, mit ihrem *Lachen* meinte. Hans stürzte [. . .] hinaus [. . .] in die *Toilette,* wo ihn oben und unten gleichermaßen der *Heldenmut* verließ. (*G*, 117–18)

Außer der unmittelbaren Entgegensetzung von Körper und Geist findet sich hier auch noch die im Sinne Freuds Lachen auslösende Komik, die durch einen (im Vergleich zum Leser) zu geringen seelischen Aufwand (Kreissäge, hier is' noch was) bewirkt wird.[10] Wenn die Gegenüberstellung von »Heldenmut« und der Vorstellung dessen, was ihn da auf der Toilette gleichermaßen »oben und unten verließ«, vielleicht auch noch komisch wirkt, so wird in den folgenden Abschnitten dieses Bild so stark erklärt, dass vom Bild nichts oder kaum etwas bleibt. Wir lesen unmittelbar nach dieser Heldenmut-Szene:

Dem Studenten gelang nach diesem Ereignis weder ein Portrait von dem Chirurgen, [...] noch ein Bildnis der jungen Krankenschwester [...], und *zum Neuen Menschen* [...] *paßte es nicht, daß er sich*, von irgendeiner Maschine und darüber hinaus zufällig und wahrscheinlich den Arbeitsschutz mißachtend, *einen Finger abtrennen ließ.*

Und einen Absatz weiter:

Hans benötigte eine Weile, um sich an den Anblick nackter Körper zu gewöhnen. In diesem Zustand war ihm der Mensch fremd, gleichsam herabgestuft von seiner eigentlichen Bestimmung, Großes zu schaffen. [...] so, wie er niemals in Hansens Gedanken auftauchte: weißhäutig, grauhäutig, rotfleckig, voller Pusteln und Leberflecken und Narben, ein unebenes Gebilde, ohne Schönheit [...] in jedem Fall ohne Gestalt. (*G*, 118–19)

Leider wird – nicht nur hier – das, was durch eine komische Szene an Assoziationen frei wird, sofort dem Vorbewussten entrissen, indem es bewusster Reflexion ausgesetzt wird. Dass der Neue Mensch einen Körper hat, einen beschädigten dazu, ist ja in der Tat komisch. Dass diese Tatsache dann mehrfach versprachlicht wurde, ist nicht nur schade, sondern mit Blick auf das Wirkungspotential von Literatur wohl auch kontraproduktiv. Auf diese Weise wird die Lust, die sich beim Lesen einstellt (z.B. durch ersparten Vorstellungsaufwand), sofort wieder entzogen, weil man lesen muss, was einem bis dahin vorsprachlich deutlich und deutbar war und was man gar nicht ausgesprochen haben wollte. Aber vielleicht ist Trotz ja eine nicht unerwünschte Leseeinstellung?[11]

Neben den bisher aufgezeigten Grenzüberschreitungen gab es noch viele andere, von denen einige hier erwähnt seien. Liebe und Vernunft werden als unvereinbare Gegensätze bzw. als zwei zusammengehörige Teile eines Ganzen gezeigt. So sagt z.B. Anna, als sie der Pschespoldnitza ihre Erzählung »liefert«, über ihr Studium während ihrer Liebe zu Hörnle: »Was ich nie in meinem Leben begriffen hatte, daß nur die Liebe den Kopf frei für das Wissen macht, habe ich in diesen Jahren begriffen« (*G*, 103). Hans hingegen, dem ja die Figuren von Norg und Anna auch direkt entgegenstehen, sieht diese Entgegensetzung aus anderer Perspektive. Er fällt, nachdem er einen Liebesbrief an Ilona abgeschickt hat, in einen tiefen Schlaf, wacht nach zwei Tagen mit schulterlangem Haar und Vollbart auf und greift entsetzt nach Kamm und Schere:

> Ja, es war die Liebe gewesen, die ihn außer Kontrolle gebracht hatte!
> Die Liebe war es, der von nun an mit wirkungsvollen Maßnahmen begegnet werden mußte, denn sie weichte den Verstand auf, hemmte die Energie und verbreitete Fremdheit und Feindlichkeit in Hansens Leben. (*G*, 133)[12]

Andere immer wieder auftauchende Entgegensetzungen sind Tod vs. Leben,[13] Schlaf vs. Wachheit/Bewusst-Sein und Erzählen vs. Schweigen.

Sprache, Körper, Schlaf und Zeit
Nachdem ich bis hierher schon einige Gegenwelten beispielhaft vorgestellt habe, die sich durch Schritte (aus der augenblicklich bewohnten Welt) in verschiedene Richtungen (und über verschiedene Grenzen) ergeben, möchte ich auf Elemente eingehen, die in den meisten der genannten Grenzdarstellungen enthalten sind. Immer wieder spielen dabei Körper, Schlaf, Zeit und Sprache eine wohl nicht nur begleitende, sondern entscheidende Rolle. Das ist nicht verwunderlich, da sie wesentlich für das menschliche Dasein sind. Kerstin Hensel nutzt diese Lebenselemente zur Darstellung ihrer Sichtweise auf die Welt. Mittels verschiedener Techniken wird mit diesen Elementen operiert. Manches davon wirkt komisch, d.h. neue Sichten und Einsichten entstehen auf vorbewusste und damit vergnügliche Art. Anderes wird mitgeteilt, d.h. die Autorin lädt den Leser ein, ihre Perspektive zu teilen, was ohne komische Wirkung bleibt und sich auf bewusster Ebene vollzieht.

Der Umgang mit dem Element Zeit gehört für mich zum Schönsten im Roman. Dabei meine ich mehr als die Zeitlosigkeit beim Erscheinen der Mittagsfrau Pschespoldnitza, mehr als dass die Zeit aus den Fugen gerät, mehr als dass sie märchenhaft gerafft und sogar stehen zu bleiben scheint. Das alles ist leicht aufzufinden. Ich meine außerdem die Verknüpfung der beiden Erzählstränge, die während der Lektüre-Zeit ein wiederum neues Gefüge von Zeit (und Raum) erstehen lässt. Diese Art der Zeit-Navigation in der Erzählstruktur bot mir das, was mir beim Umgang mit komischen Elementen oft wieder entzogen wurde: Frei-Raum für meine eigenen Vorstellungen. Hingewiesen sei,

stellvertretend für die Verknüpfung der verschiedenen
Wirklichkeiten, auf die Szene der Wassergeburt, weil sich in ihr
durch das kunstfertige Einschalten doppeldeutiger Sätze und
Satzteile nicht nur komische Wirkung ergibt, sondern sich
außerdem zwei Zeitebenen miteinander verbinden, nämlich die
der Zeugung auf dem Gabelstapler mit Jochen, an die sich
Veronika erinnert, ohne dass sie ihr als Zeugung bewusst ist, und
die Zeitebene der Geburt, von der sie gleichfalls keine bewusste
Kenntnis besitzt. So ist es möglich, die markierten Sätze bzw.
Teilsätze sowohl der Zeugung als auch der Geburt zuzuordnen:

> Veronika Dankschön krallte die Fingernägel in das Holz des
> Bootsrandes.
> ›Ich zeig dir das Baustofflager‹, hatte Gabelstapler-Jochen gesagt.
> Der Schmerz bohrte sich vom Rücken in den Unterleib. Sie war mit
> ihm auf den Gabelstapler gestiegen. Wenn sie die Luft anhielt und
> schreiend ausstieß, verteilte sich der Schmerz auf den Körper. Jochen
> hatte den Richtungshebel gezogen und den Schalter gedrückt. _Ein Fisch
> glitt unter Veronika hin._ [. . .] Jochen hatte gesagt, sie möge doch auch
> einmal seinen Hebel berühren, und Veronika hatte nicht gewußt wie
> und was. _Etwas Warmes, Flüssiges verließ sie_, da wollte sie um Hilfe
> rufen, aber die Fische kamen und fraßen, _und es ging weiter._ Der
> Gabelstapler [. . .] hatte einen Haufen Säcke gerammt, der Motor war
> blockiert.
> ›Hilfe!‹ _rief das Mädchen._
> Gipswolken waren aus den Stellen ausgetreten, wo die
> Gabelspitzen hineingestoßen waren. _Jetzt schrie Veronika._ Jochen hatte
> die Motorblockierung zu lösen versucht, indem er mit einer Hand den
> Rückwärtsgang einlegte und mit der anderen das Mädchen hatte
> aufsitzen lassen. _Veronika preßte._ Jochen hatte sich weiter
> vorangeschoben. (_G_, 20–1)

Sprache und Schlaf sind die beiden anderen Elemente, die – in
Verbindung mit Komik oder ohne sie – das Erkennen einer
anderen Welt oder Weltsicht möglich machen.

Schlaf nimmt die Gegenposition zu verschiedenen Erscheinungen des Lebens ein, die entweder vollkommen ungelebt oder
unterbewertet sind bzw. als Bedrohung empfunden werden. Schlaf
erscheint u.a. als Gegensatz zur Liebe, als Gegner der Wachheit
und der großen Gedanken, als Rettung vor dem Tod,[14] aber auch
als Ort des Todes,[15] als Weg zum Tod und damit als Gegenwelt
zum Leben.[16]

Sprache und Sprechen/Erzählen nehmen eine besondere Stellung im Roman ein. Durch die Mittagsfrau Pschespoldnitza wird eine märchenhafte Bedingung an das Weiterleben geknüpft – nämlich eine Stunde ununterbrochen zu erzählen. Wer das nicht kann, so macht sie deutlich, ist des Todes. Anna, Norg, Hans und Veronika reagieren ganz unterschiedlich auf diese Forderung: Anna erzählt – fast ohne zu zögern – und »verarbeitet«[17] dabei ihre bisher versteckte Ost-Identität, ihre »Wurschtbuden«-Kindheit und ihr Liebes-Trauma. Norg hingegen versucht sich zu entziehen, will gar nicht glauben, dass diese Sagengestalt Forderungen bei Strafe des Todes stellen kann. Letztendlich ist seine Alternative zum Erzählen schwere Arbeit – eine andere Form, die Welt in Zusammenhängen zu begreifen: »Alles frühere Leben hechelt der Mann aus sich und dem Flachs; alles, was er nicht zu sagen imstande ist, was er nie tun mußte« (*G*, 113). Hans wiederum spielt in Kinderreimen, während er auf die Mittagsfrau wartet – sie erscheint ihm gar nicht mehr. Und seine Mutter Veronika hat nicht einmal verstanden, was sie zu ihrer Rettung tun soll:

»Sinn Se von die Jewerkschaft?« wollte sie wissen, aber die Pschespoldnitza gebot, [...] ein gutes Stündchen freiweg zu erzählen, was sie bedrücke. Das könnte ihre Rettung sein. – ›Dann sinn Se von de Klapsmühle‹, sagte Veronika und fügte hinzu: ›kann ick nich mal 'n bißchen in mir jehn?‹ – Die Mittagsfrau ermunterte sie dazu: ›Erzähle.‹ – Aber Veronika Dankschön stand im Wohnzimmer vor dem flackernden Fernsehgerät [...] und lachte. Es war, als platze etwas in ihr und ließe einen Schwall Heiterkeit sich ihr in den Leib ergießen, der [...] mit einer starkstromartigen Energie den ungeladenen Gast hinaustrieb. Mit zitternden, aufeinandergepreßten Lippen [...] verließ die Pschespoldnitza das Haus von Veronika Dankschön. [...] denn gegen das Gelächter, gegen dieses dumme, sinnlose Gelächter war sie machtlos. Nichts hielt Veronika am Leben. (*G*, 179)

Die darauf folgende Schilderung von Veronikas Selbstmord ist in ihrer Sachlichkeit und Nüchternheit gerade nach dieser irrealen Szene eine der zwingendsten des Romans: Jetzt, an dieser Stelle, wirkt sie unglaublich wirklich, sozusagen wirklicher als die Wirklichkeit. Hier hat sich in erschreckendem Maße gezeigt, was vorher nur angedeutet wurde: Erzählen als das Herstellen von Sinn ist ein Lebens-Mittel. Durch Erzählen, durch Geschichten werden Zusammenhänge erzeugt, sie existieren nicht ohne uns, ohne unser Denken, ohne unser Weben von Wirklichkeit, das sich vor allem über Sprache vollzieht. Erst in diesen (von uns hergestellten) Zusammenhängen können wir uns finden, können wir leben. Wenn Lachen ohne Worte bleibt, wenn es Sprache sogar verdrängt oder ersetzt, wird es ein Lachen ohne Zusammenhang, ohne Bezug und damit ohne Sinn: ein höllisches Gelächter, das alles zerstören, aber nichts mehr herstellen kann. An dieser Stelle treffen sich sozusagen Sprache und Komik als Elemente zur Markierung von Grenzen. Die Macht der Komik, Bestehendes zu zerstören oder zeitweilig aufzuheben, wird extrem, in aller Wucht gezeigt: Ungebremst und unbegleitet von Sprache kann sie tödlich sein.

Auch wenn durch die Allgegenwart der Figur der Pschespoldnitza Sprache in den meisten Fällen als Mittel zum Erzählen erscheint, hat sie in *Gipshut* doch auch andere Formen und Funktionen. Sie dient immer der Verbindung zu einer anderen Welt, zu der Welt des Anderen, des Gegenüber. Aber diese Verbindung ist unterschiedlich beschaffen, wird mit unterschiedlichen Merkmalen versehen. Die Verbindung ist aktiv, wo man sie nicht erwartet – d.h. sie aktiviert einen ruhenden Teil von Welt. Die Natur spricht zu den Menschen, der Mensch spricht zu Nicht-Sprechendem (*G*, 32, 56), Namen werden zur Anrufung und Beschwörung von Abwesenden benutzt (*G*, 75ff und 204) und immer wieder spricht »es« aus jemandem. Nachdem Jochen auf Seite 63 gesagt hatte: »Ick wusste, dasset schief jeht«, und Norg dieselben Worte zwei Seiten später entfahren, lesen wir: »Es redet in mir, denkt er und hält sich den Mund zu«. Ebenso erlebt es auch Hans, als er im Seminar von seiner Wassergeburt erzählt: »Er war verwirrt. Diese Geschichte wollte er doch gar nicht erzählen, und trotzdem – jemandes Macht hatte sie ihm in den Mund gelegt« (*G*, 79).[18]

Sprache lässt die Verbindung zur anderen Welt brüchig werden, so dass der Sprechende sich selbst oder dem Zuhörer fremd wird.[19] Sprache kann als verbindendes Element für den Sprechenden oder den Angesprochenen nährend, heilend, lebensrettend sein, d.h. sie ist nicht mehr nur Mittel zum Denken, sondern Substanz, von der gelebt wird. So z. B. wenn Hans sich »gesund redet« (*G*, 216), wenn er den zu schnell wachsenden kleinen Norg mit seinen sinnlosen Fragen, seinem unverständlichen Gerede »heilt«, statt ihn mit den Händen zu massieren (*G*, 123–4), oder wenn er während der schikanösen Armeezeit an seinem »inneren Tagebuch« schreibt, was wie ein Rettungsanker für ihn wirkt (*G*, 139–40).

Sprache fungiert auch wie ein Schutzschild gegen eine andere Welt, als letzte Abwehr des schon Wahrgenommenen, aber Unfassbaren. Hierhin gehören die zahlreichen Stellen, an denen die aufscheinende Gegenwelt fast verzweifelt noch abgewehrt werden soll, obwohl sie die Sinne oder die Gedanken schon erreicht hat, also all diejenigen Stellen, an denen »Das kann doch nicht wahr sein!« in den verschiedensten Varianten vorkommt (*G*, 65–7, 74, 77, 142, 161–2, 191–2, 201–2, u.a.m.).

Sprache verkündet die andere Welt, wenn sie als (Vor-)Bote des Lebens oder des Todes daherkommt.[20] Sprache kann als Verbindung zu anderen Welten auch lahmgelegt sein: Schweigen kann Vorsicht oder Ohnmacht dieser anderen Welt gegenüber ausdrücken, es kann auch Verlassensein von ihr bedeuten: Nachdem Anna und Norg das bisher Unmögliche gesehen haben – der Mittagsfrau begegnet sind – sind sie sprachlos, schweigend, vorsichtiger mit ihren Worten (*G*, 135–6); Hans schweigt während seiner für ihn unbegreiflichen Arbeitslosigkeit (*G*, 198). Eine unterbrochene Verbindung zum anderen Menschen liegt wohl auch vor, wenn man dessen Stimme nicht mehr in sich hört, so als Veronika sich fragt, was Hans ihr raten würde, aber keine Antwort erhält (*G*, 88).

Komik als eine Form des Zweifelns

Auch wenn mich die Beschäftigung mit den Elementen Körper, Zeit, Schlaf und Sprache scheinbar vom Thema weggeführt hat, so haben die Betrachtungen doch eines erbracht: Gegenwelten werden entworfen, indem das Ich im Widerstreit mit der Welt gezeigt wird. Komik ist dabei nur ein Mittel von vielen, diesen Widerstreit zu zeigen.

Das Entwerfen, Aktivieren und Hereinholen von Gegenwelten in unsere »gültige« Welt kann bewusst oder eben – wie bei der Komik – vorbewusst erfolgen. In jedem Fall geht es dabei um Auseinandersetzung, um Trennung, Differenzierung und Diskriminierung als Voraussetzung für Identität. Es geht um Perspektivwechsel, um etwas, was beide, immer zwei Seiten betrifft, um Zweifel.

Explizit beschriebene Momente des Zweifelns bei Hans – von denen es immerhin einige gibt (*G*, 63–4, 70–1, 122, 137–8, 152–3, u.a.m.) – sind der bewussten Reflexion zuzuordnen. Spannender, weil eigene Vorstellungen herausfordernd, sind allerdings die Szenen, in denen die Einheit und Einfachheit der Welt durch

Komik aufgebrochen wird. Denn dann nimmt die andere Welt, die Gegenwelt, keine konkrete Gestalt an, aber es »dämmert« dem Betrachter, dass diese andere Welt da ist. Ihre Ausgestaltung liegt beim Leser, während sie bei reflektierter Mitteilung schon vorgegeben ist. So ist eine komische Darstellung von Leben in der DDR (und danach) geeignet, den politisch korrekten – also einheitlichen – Rückblick aufzubrechen und auf einer Vielfalt an Blickwinkeln zu bestehen. Das Zweifeln an der Gültigkeit von nur einer Welt ist ein Bestehen auf der Möglichkeit von mehr als dieser einen Welt. Komik ist nicht die einzige, aber vielleicht die schönste Form dieses Zweifelns. Sie bietet uns den Genuss, den jede Dämmerung enthält: Zu fühlen, dass etwas Neues kommt, ohne zu wissen, was genau es sein wird.

Insofern habe ich den Titel zu meinen Überlegungen zu ändern. Nicht mehr: »Das Komische begreifen, ohne es fassen zu können«, sondern »Das Andere begreifen, ohne es fassen zu können – Komik als ein Tor zu Gegenwelten«.

Anmerkungen

[1] H. Bergson, *Das Lachen. Ein Essay über die Bedeutung des Komischen* (1900) (Darmstadt, Luchterhand Literaturverlag, 1988), 33, 39, 43.

[2] J. Ritter, 'Über das Lachen' in *Blätter für deutsche Philosophie*, Bd. 14 (Berlin, Junker und Dünnhaupt Verlag, 1940/41), 1–21 (hier: 6–7, 10).

[3] S. Freud, *Der Witz und seine Beziehung zum Unbewußten* (1905) (Frankfurt am Main, Fischer Taschenbuch Verlag, 1992), 249.

[4] H. R. Jauß, 'Zum Problem der Grenzziehung zwischen dem Lächerlichen und dem Komischen' in *Poetik und Hermeneutik*, VII [Das Komische], (München, Wilhelm Fink Verlag, 1976), 361–73.

[5] Hervorhebungen hier und im Weiteren von mir.

[6] Freud bezeichnet das Naive als diejenige »Gattung des Komischen, welche dem Witze am nächsten steht [. . .] Das Naive entsteht, wenn sich jemand über eine Hemmung voll hinaussetzt, weil eine solche bei ihm nicht vorhanden ist, wenn er sie also mühelos zu überwinden scheint. Bedingung für die Wirkung des Naiven ist, daß uns bekannt sei, er besitze diese Hemmung nicht, sonst heißen wir ihn nicht naiv, sondern frech, lachen nicht über ihn, sondern sind entrüstet« (*Der Witz*, 194–200).

[7] Vgl. Anna Frickes Erzählung auf den Befehl der Mittagsfrau hin: »Ich merkte kaum, wie die Zeit sich änderte, was sich im Land vollzog. Mit Paffrath wuchs ich in das *Neue*. Es war wie das Übertreten auf eine andere Seite [. . .] Paffrath [. . .] machte mir eines Tages einen Heiratsantrag [. . .]

Und am Morgen darauf hat er gesagt, daß er mich erstmal *säubern* muß.
Von allem *säubern*: vom *Dreck* meiner Herkunft; vom *Klebrich* des
faulenden Staates, von dem ich mich nicht allein befreien könnte [. . .] Er
schenkte mir meine erste Reise in den Westen: nach Bad Kohlgrub [. . .]
Dort sollte ich eine *Badekur* machen« (*G*, 95–6).

[8] Vgl. den Konflikt zwischen Hans und seiner Mutter um die
Installation einer Antenne fürs Westfernsehen und Hans' Bericht darüber
im Journalistikstudium, *G*, 80–1.

[9] Weitere Szenen, in denen der Gegensatz von erhabener Geistigkeit
zu unerwünschter oder ungelebter Körperlichkeit vom Motiv der
Laufmasche begleitet wird, finden sich, als Hans bei der Lektüre von
Lenins Werken an Mädchen denkt und ihm die Laufmasche seiner
Schuldirektorin in den Sinn kommt (*G*, 106); als er gemustert wird, aber
»wenig Lust auf die Einberufung zur Nationalen Volksarmee [verspürt]«
(*G*, 134); als er beim Stellvertreter des Bezirkssekretärs der Partei in Berlin
vorspricht (*G*, 160); als er sein langes Schweigen auf dem Arbeitsamt
bricht und eine ABM-Stelle vermittelt bekommt (*G*, 199) und schließlich,
als er entdeckt, »aus welch häßlicher gelblichbrauner Faser« der
Stoffbezug der lang genutzten Sitzelemente ist und er »den Faden
[nimmt] und so lange daran [zieht], bis sich die Masche gelöst hat« (*G*,
205).

[10] Freud beschreibt den Ursprung der komischen Lust als einen
ersparten Vorstellungsaufwand. Die festgestellte Aufwanddifferenz
(zwischen der anderen Person und dem eigenen Ich) ist Ausdruck der
lustvoll erlebten Überlegenheit. Bemerkenswert ist daran, dass hier fein
unterschieden werden muss nach körperlichen und seelischen Leistungen
(Aufwänden): »Es fügt sich also zu einem einheitlichen Verständnis, wenn
derjenige uns komisch erscheint, der für seine körperlichen Leistungen
zuviel und für seine seelischen Leistungen zuwenig Aufwand im
Vergleich mit uns treibt [. . .] Wenn sich das Verhältnis in beiden Fällen
umkehrt, der somatische Aufwand des anderen geringer und sein
seelischer größer gefunden wird als der unsrige, dann lachen wir nicht
mehr, dann staunen und bewundern wir« (*Der Witz*, 208).

[11] Begibt man sich aber auf die Suche nach den Mitteln des Komischen,
tritt hier ein Beobachterparadoxon ein. »Der komische Prozeß verträgt
nicht die Übersetzung durch die Aufmerksamkeit [. . .] Der Prozeß der
Vergleichung der Aufwände muß automatisch [vorbewußt] bleiben, wenn
komische Lust erzeugt werden soll« (*Der Witz*, 231ff).

[12] Ähnlich verhält es sich mit der Gegenüberstellung von Glück und
Disziplin:»Gleich einem Geschoß von explodierendem Glück empfand
Hans all das wieder, was er bis dahin diszipliniert bekämpft hatte. Das,
was ihn weich machte und Bärte wachsen ließ, was ihn aufheizte und

umbrachte« (*G*, 134). Dazu gehört auch die Fugen-Metapher (*G*, 110, 133–4) etc. sowie das erwähnte Laufmaschen-Motiv.

[13] Eine der eindrucksvollsten Demonstrationen für das Vorhandensein der einen Welt in der anderen ist das Aufzeigen des Todes als eines Teils des Lebens, nämlich die Szene, in der die Kollegen der Physiotherapie sich für Hans' Beschwerde beim Abteilungsleiter wegen ihrer lustvollen Wasserorgien an Hans rächen: Sie geben ihm einen Patienten zur Massage, der längst tot ist, und platzen hinter den Stoffwänden vor Gelächter, als Hans erst viel zu spät merkt, dass er eine Grenze überschritten hat, die er nie überschreiten wollte (vgl. *G*, 120ff).

[14] Vgl. die Bus-Szene, *G*, 182.

[15] Vgl. den Alptraum, *G*, 140.

[16] Vgl. Hans in der Klinik,»Er fürchtet den Schlaf, der ihn nicht zu kurieren, sondern sein Leben zu kürzen scheint« (*G*, 212).

[17] Sie»verarbeitet« ihr Leben dabei nicht im Sinne von»bewältigen«, sondern in dem Sinne, dass sie es als Material»benutzt« für einen Text, für ein Gewebe von Zusammenhängen, das als (ihre) Geschichte daherkommt und so von anderen verstanden (d.h. weitergewebt, aufgenommen, zerschnitten etc.) werden kann.

[18] Vgl. auch *G*, 56, wo das Wort»Schlumpe« Anna Fricke wie ein »Gedankenwurm« erscheint, der»aus der Tiefe ihres Kopfes« kommt. Als Anna zur Natur spricht, erscheint Sprache als Mittel zur (angstfreien) Welt-Ergreifung:»Einmal sagte ich beim Anblick einer Blume: Alpenrose! Ich sagte es einfach. Ich bezeichnete etwas, was ich nie zuvor gesehen hatte, mit dem richtigen Namen. Die Bäder hatten die Angstschlacken in mir gelöst, ich war nicht mehr stumm [. . .] wollte alles in mich aufnehmen, die ganze Welt, aber es war zuviel« (*G*, 97).

[19] Vgl. Anna und Norg in der Umschulung nach der Wende, *G*, 209; Hans beim Schreiben eines Liebesbriefes, *G*, 130; bzw. Veronikas Reaktionen auf die Redeweise des Sohnes, *G*, 62 u.a.m.

[20] Vgl. *G*, 212, wo die Lust auf ein Gespräch Hans' Lebenslust und Lebenswille anzeigt. Und auf *G*, 214 wird seine wirre Waschtrommelrede vom medizinischen Personal als neue Vorform des Todes gesehen.

13

Zwischen Groteske und Menschentheater: Zur Dramatik

JOHANNES BIRGFELD

Kerstin Hensels Lust am Dramatischen

Auf ihr Verhältnis zum Theater und zur Dramatik angesprochen, gibt Kerstin Hensel regelmäßig eine Antwort, die noch immer die meisten ihrer Leser wie der Kritiker und Literaturwissenschaftler überraschen dürfte: Sie habe nicht mit Prosa oder Lyrik das Schreiben begonnen, sondern mit einem Drama:

> Merkwürdigerweise habe ich mit 17 angefangen mit Dramatik, nicht wie andere mit der Lyrik. Das lag daran, dass mich Theater faszinierte – die Faust-Inszenierung von Drescher in Karl-Marx-Stadt sah ich mit 16. Das war so ein Erlebnis, nach dem ich meinte, man müsse unbedingt Dramatik schreiben.[1]

Sie sei, so erinnert sie sich, damals vom Theater geradezu »besessen« gewesen.[2] Regelmäßige Besuche im Theater hätten in ihr die Liebe zum Theater entzündet und sie zum eigenen dramatischen Schreiben, ja zum Schreiben überhaupt angeregt: Der Kontakt mit dem Theater sei der Ausgangspunkt all ihrer literarischen Tätigkeit gewesen, das Interesse am Theater ihr eigentliches literarisches »Ur-Interesse« noch vor dem an Lyrik.[3]

Eine Theaterdichterin also war Kerstin Hensel am Beginn, und eine Autorin, die sich in allen dramatischen Formen engagiert, ist sie während der letzten zwanzig Jahre geblieben. Ihre Produktion ist umfänglich, auch wenn das die Öffentlichkeit erst langsam wahrnimmt: Zehn Theaterstücke hat sie bis dato verfasst, deren erstes sich allerdings nicht erhalten hat, sondern in den achtziger Jahren in die Erzählung 'Katzenbericht' (*H*, 65–83) umgearbeitet wurde.[4] Von den übrigen neun liegen mit *Ausflugszeit* (1988), *Catull* (1989) und *Grimma* (1995) drei gedruckt vor. Fünf weitere wurden uraufgeführt – *Klistier* 1997 in Mannheim, *Hyänen* 1999 in

Ingolstadt, *Müllers Kuh Müllers Kinder* 2000 in Greifswald, sowie im
Jahr 2001 zunächst *Atzenköfels Töchter* in Ingolstadt und schließlich
im Juni *Preußisch Blau* am Staatstheater Cottbus. Weder gedruckt
noch aufgeführt, wenn auch als Hörspiel gesendet, wurde
hingegen das Monologstück 'Der Fensterputzer'.

Bedenkt man, dass Kerstin Hensel darüber hinaus acht
Hörspiele und drei Libretti verfasst, an zwei Filmszenarien mitge-
wirkt und selber jahrelang am Theater und in der Ausbildung von
Schauspielern gearbeitet hat, so kann kein Zweifel bleiben: Die
Arbeit mit dramatischen Formen, ob für Oper, Film, Bühne oder
Radio, ist für Kerstin Hensel ein zentraler Bestandteil ihres
literarischen Schaffens.[5]

Zum Selbstverständnis als Dramatikerin

Wie die meisten ihrer noch lebenden KollegInnen hat auch Kerstin
Hensel bisher keine dezidierte Poetik ihres literarischen Werkes
vorgelegt. Ansätze jedoch finden sich reichlich in ihren Interviews
und Reden, auch und immer wieder hinsichtlich ihres Selbstverständnisses als Dramatikerin. Dabei zeigt sich schnell, dass
Hensel in der Dramatik einen ebenso eigenen Weg zu gehen
gewillt ist, wie in ihrer Prosa und Lyrik. Denn statt sich eindeutig
einer bestimmten und bereits etablierten Spielpraxis oder Dramen-
gattung zu verpflichten, setzt sie sich eine Mischung verschiedener
europäischer und deutscher Spielpraktiken zum Ziel.

So finden sich einerseits unüberhörbare Anklänge an Traditio-
nen des aufklärerischen wie des epischen Theaters, wenn Hensel
von ihren Stücken erhofft, sie könnten und sollten im besten Fall
gesellschaftliche Entwicklungen voraussehen, klare Gesellschafts-
analyse betreiben, Durchblick stiften, und nicht zuletzt sogar
Aufklärung und »Erkenntnis, wo die Übel der Gesellschaft liegen«,
vermitteln.[6] Nicht weniger auch mag man an naturalistisches oder
das politische Volkstheater eines Franz Xaver Kroetz denken, wenn
Hensel betont, in ihren Stücken dominiere die »Sicht von unten
nach oben«, das Interesse also an den Lebensbedingungen und
Problemen der Unter- und Mittelschichten der Gesellschaft.[7]

Andererseits erweist sich Kerstin Hensel ganz als Kind der
desillusionierten Moderne, wenn sie – anders als Brecht – nicht
mehr an die revolutionäre und agitatorische Wirkung des Theaters
glaubt und von ihren eigenen Texten bloß noch erhofft, dass diese
punktuelle Veränderungen alter Seh- und Denkraster beim
Publikum auslösen mögen.[8] Sie weiß, dass das Theater zwar

gesellschaftliche Strukturen zeigen kann, nicht aber hoffen darf, deren rasche Veränderung hervorzurufen.

Noch deutlicher wird diese Verwurzelung in der klassischen Moderne und die Differenz zum agitatorischen, epischen oder modernen Volkstheater in den theatralischen Mitteln, die Kerstin Hensel bevorzugt. Statt mimetischer Abbildung von Alltagsrealität setzt sie auf typisierende und verknappte Darstellungen, auf Verkürzungen und Überhöhungen.[9] Es ist das alte Konzept vom Zerrspiegel, den die Literatur und das Theater der Gesellschaft vorhalten sollen, und doch mehr als das. Denn Verzerrung ist hier nicht nur im Sinne ernst anklagender Übertreibung gemeint: Die Wirklichkeit soll zugleich spielerisch, fabulierend und phantasievoll ergänzt, variiert und überstiegen werden.[10] Exkurse ins Surreale, ins Märchenhafte sind damit gemeint, aber auch ins Absurde und Groteske.[11]

Es sind zwei Traditionsstränge, die Hensel damit aufgreift und für ihre eigenen Produktionen aktualisiert: zum einen den des grotesken und weitgehend sinnfreien Klamauks, der ausgehend von den Kaufmannsszenen im mittelalterlichen Osterspiel über Jahrhunderte im Fastnachtsspiel, der Commedia dell'arte, dem Wandertheater und im Wiener Volkstheater bis hin zu Alfred Jarry großartige Blüten trieb, seit der bürgerlichen Theaterreform des 18. Jahrhunderts aber in eine Randexistenz gedrängt wurde; zum anderen den des absurden Theaters eines Beckett oder Ionesco, das, aus existenzialistischer Weltentfremdung heraus geboren, die Sinnleere der Welt in alogischen, ziellosen Spielen mit typisierten Figuren und in banaler Sprache darzustellen bemüht war.

Kerstin Hensel also möchte ein Theater, das die Welt erklärt, aber nicht zu Revolutionen aufruft, das sich vor allem mit den Rändern und unteren Schichten der Gesellschaft auseinandersetzt, aber nicht realistisch Alltag abbildet. Es soll verzerren und übertreiben, spielerisch, fabulierend und phantasievoll sein und Exkurse ins Irreale und Märchenhafte wagen. Es soll groteske und absurde Elemente vereinigen, also Derbkomisches, Grausig-Lächerliches neben Sinnlosem und Sinnentleertem zeigen. Fast, so möchte es scheinen, wird hier die Quadratur des Kreises probiert, ein Welttheater *in nuce*, das aufklärerische Interessen mit dem gottlosen Horizont des ausgehenden 20. Jahrhunderts verbindet und zugleich weder auf den Flug der Phantasie, den Spaß des Spiels, noch die Sinnlichkeit des Straßentheaters verzichten will. Wenn Kerstin Hensel darüber hinaus davon spricht, sie wolle ihr

Publikum verwirren und ihm keine Möglichkeit zu einem identifikatorischen Nachvollzug geben,[12] so ist spätestens an dieser Stelle klar, wie komplex Hensels Poetik des Dramas tatsächlich ausfällt. Klar aber ist auch, dass dieses Henselsche Theater nicht ohne erhebliche innere Brüche, ohne Verprellungen und Übertreibungen auskommen will und kann.

Vielleicht besteht gerade in dieser extremen Inhomogenität ihrer Dramenästhetik ein Grund dafür, dass Kerstin Hensel seit 1997 eine gewisse Skepsis gegenüber der Brauchbarkeit zumindest der Groteske für das zeitgenössische Theater artikuliert und in dieser Hinsicht eine Neuorientierung vollzogen hat.[13] Sie sei, so gibt sie schließlich im Jahre 2000 an, wieder an dramatischen Strukturen interessiert, wolle »altmodische Dinge wie Charakter, Konflikte und Fabeln« wiederentdecken.[14] Sie spricht von einem sogenannten »Menschentheater«, worunter sie ein Schauspiel in Text und Inszenierung versteht, das auf einer »langsame[n] und komplexe[n] Wahrnehmung« basiert, das »professionell konservativ, also bewahrend [...], auf der Höhe und gleichzeitig neben der Zeit« ist, »Mut zum Ganzen, zum Ernsthaften, natürlich auch zum Ulk« hat.[15] Auch dies ist ohne Zweifel ein höchst komplexer Ansatz, der zudem noch viele Momente der früheren Überlegungen in sich vereint.

Experimente im Politischen

1984 geschrieben, 1988 nach einer Lesung des Textes im Rahmen der VI. Werkstatt-Tage des DDR-Schauspiels in Leipzig teilweise umgearbeitet und anschließend in der Zeitschrift *Theater der Zeit* in Ost-Berlin erstmals gedruckt, ist *Ausflugszeit* Kerstin Hensels ältestes erhaltenes Theaterstück. Bereits der Untertitel, *Eine Collage*, macht deutlich, dass es sich hierbei um kein klassisches Stück handelt. Stattdessen ist Hensel mit *Ausflugszeit* ein hochartifizielles Beispiel modernen Theaters gelungen.

Bemerkenswert ist zunächst die Struktur des Textes: Auf eine Einteilung in Akte verzichtend reiht er insgesamt 19 kürzere Szenen aneinander, die miteinander nicht durch eine zusammenhängende Handlung verbunden sind, sondern durch ein vielschichtiges System von Verweisen und thematischen Parallelführungen. So erfolgt die erste Vernetzung der Einzelszenen auf der Ebene der Szenenüberschriften, die in immerhin elf Fällen (Szenen 1–7, 12, 13, 16, 19) durch die Wiederholung und gleichzeitige Durchnummerierung des Titels wie im Fall der Szenen

'Lauer I', 'Lauer II' und 'Lauer III' (Sz. 2, 7, 12) einen engen inhaltlichen Zusammenhang suggerieren. Szenen gleichen Titels folgen dabei jedoch nie unmittelbar aufeinander, sondern bilden dramatische Klammern, die einerseits vereinzelt vorliegende Szenen umgreifen, andererseits sich mit anderen Szenenfolgen abwechselnd durchdringen und so ein komplexes Gewebe ausbilden. Auf einer zweiten Ebene sorgen die auftretenden Figuren für den inneren Zusammenhalt des Stücks. Zwar erscheint von den 23 vorgesehenen nur die 'Tochter' in sechs und sonst keine in mehr als drei Szenen. Wiederkehrende Figuren leisten jedoch eine Verbindung nicht nur innerhalb einer Szenenfolge, sondern oft auch zwischen dieser und anderen Szenengruppen oder Einzelszenen, wie das Beispiel Rosa Luxemburgs zeigt, die in 'In den Mauern II', 'Poem' und 'Polizeistunde' agiert. Vor allem aber lassen sich die Figuren leicht zu größeren Typengruppen zusammenfassen: Rosa Luxemburg, Lenin, Trotzki, die Krupskaja, Juri Gagarin, Stalin und Adolf Hennecke sind unschwer als Helden des Sozialismus zu erkennen (Sz. 3, 5, 6, 10, 13, 14, 15); Gretchen, Faust und Helena als Figuren aus Goethes Faust (Sz. 1, 18); Goethe, drei Freunde Goethes, Charlotte von Stein und Christiane Vulpius als Menschen aus Goethes Leben (Sz. 9, 18); Lilith, Mephisto und der Oberscharführer Sommer hingegen als Vertreter der Hölle im weiteren Sinn (Sz. 4, 16); Zeus als Abkömmling der griechischen Mythologie (Sz. 8); Wilhelm Müller als Dichter (Sz. 11); sowie die Rollen 'Vater', 'Mutter' und 'Tochter' als Typen des Familienlebens (Sz. 2, 4, 7, 12, 17, 19). Dass dabei durchaus auch Mehrfachzuordnungen möglich sind, dass also etwa Goethe auch als Dichter, Lilith und Mephisto auch in den Goetheschen Faustdramen vorkommen, ist ein weiteres Beispiel für die vielfältigen Querverbindungen zwischen den Szenen.

Die entscheidende Vernetzung der Szenen erfolgt jedoch auf inhaltlicher Ebene. Alle haben bei genauerem Hinsehen das Scheitern von Utopien zum Gegenstand, sei es in Form der Abgründe und Schattenseiten der Liebe (Sz. 1, 2, 8, 9, 10, 12, 17, 18), des Fehlgehens politischer Visionen (Sz. 4 6, 13, 14, 15), der Kritik an der Erstarrung des ersten sozialistischen Staates auf deutschem Boden, der DDR (Sz. 3, 7, 15, 17, 19) oder der Ohnmacht der Intellektuellen (Sz. 5, 11). Zugleich sind alle Szenen im weiteren Sinn Auseinandersetzungen mit staatlichen, gesellschaftlichen, literarischen und familiären Mythen, Helden und Idolen.

Bereits 'In den Mauern I', die erste Szene von *Ausflugszeit*, bietet dafür ein gutes Beispiel. Als der Vorhang sich hebt, befinden sich Goethes Gretchen, Faust und Helena auf der Bühne, erstere – bereits wahnsinnig geworden – in ihrem Zimmer, Helena und Faust zusammen außerhalb desselben. Gretchen spricht einen Monolog, in dem sie fiebrig unzusammenhängend und ausschließlich in Zitaten aus Goethes *Faust I* und *II* noch einmal knapp den Verlauf ihrer Liebe zu Faust umreißt. Da die von ihr gesprochenen Verse weitgehend der Abend-, Dom- und Kerkerszene entstammen, werden neben kurzen Momenten süßer Liebesverwirrung vor allem Situationen der Verführung durch Faust und des anschließenden Liebesleides bis hin zum Kindsmord schlaglichtartig in Erinnerung gerufen.

Faust jedoch lässt sich von dieser Rede nur kurz rühren, streckt ihm doch Helena, bei Goethe noch der Inbegriff höchster Schönheit und klassischer Würde, zur Ablenkung in einem recht vulgären Akt ihre entblößte Brust entgegen, was Faust offenbar erotisch enorm bewegt. Denn anders als noch bei Goethe fleht nun nicht mehr Gretchen in Todesangst zum Himmel, sondern Faust in Richtung Helena:»Erbarme dich und lass mich leben« (*Faust I*: V, 4430).

Es ist eine ausgesprochen komplexe Arbeit am Mythos, die Hensel hier vollzieht: Einerseits nutzt sie die Gretchengeschichte, um vom Leid der Liebe in einem ganz konkreten Einzelfall zu erzählen. Indem sie jedoch das berühmte Schlusswort des *Faust II* in leicht variierter Form ebenfalls Gretchen in den Mund legt, also verfremdend montiert –»Das ewig Weibliche zieht uns hinan« –, erhebt sie die Gretchengeschichte zugleich ins Allgemeine.[16] Die Vulgarisierung der Helena wiederum ist vordergründig eine Wendung gegen den Goetheschen Klassizismus, mehr noch aber, da ja auch die Helena in *Faust II* nur ein Traumgespinst war, ein Aufbegehren gegen die Vergötzung Goethes und jede erstickende Normsetzung in ästhetischer und literarischer Hinsicht. Doch auch Goethes Tragödie selbst wird der Kritik unterzogen: Die Tatsache, dass Faust angesichts nackter Brüste gänzlich die Fasson verliert, weist zu Recht darauf hin, dass der Gelehrte Faust, trotz allen Strebens, Gretchen vor allem durch seine sexuelle Gier in den Tod getrieben habe. Nicht zuletzt stellt Kerstin Hensels eigenes Verfahren, durch die Montage von Zitaten, die gänzlich aus dem Zusammenhang gerissen sind, ein bestimmtes Bild von Faust und den Faust-Tragödien zu erzeugen, eine performative Analyse typischer Wege der Heroisierung und Idolisierung dar.

So nutzt Kerstin Hensel in 'In den Mauern I' Goethes Faust nicht nur dazu, die Geschichte einer gescheiterten Liebe und die Unmöglichkeit einer Liebe überhaupt darzustellen. Sie destruiert zugleich den Mythos Faust, indem sie Helena und Faust desavouiert, und zeigt, wie überhaupt ein Mythos, also die Verfestigung der Deutung eines Lebens oder Werkes entsteht, nämlich durch geschicktes reduzierendes Zitieren und Montieren. Ebenfalls komplex und raffiniert ist das Vorgehen, das Hensel in anderen Szenen wählt. In 'In den Mauern II' etwa lässt sie Rosa Luxemburg als eine ewig Wiedergeborene auftreten und erzählen, wie diese als Hündin Laika, als jenes erste 1957 von Menschenhand in den Weltraum beförderte Lebewesen also, die Welt umkreist hatte, dann aber, wieder auf der Erde,»berichtete von dem was ich gesehen hatte und von dem was zu ändern wäre an dem Zustand jenes Planeten«. Von ihren Zuhörern sei sie daraufhin»geehrt geschlagen bejubelt bespuckt beklatscht und ermordet« worden (*Az*, 61).

Indem hier zwei Helden der sozialistischen Welt gleichgesetzt werden, von beiden aber ein früher gewaltsamer Tod behauptet wird, gelingt Hensel dreierlei zugleich. Oberflächlich betrachtet folgt sie der Ikonographie des Staates und bestätigt die dort fest- und totgeschriebene Vorbildlichkeit der Rosa Luxemburg, indem sie die Hündin als Luxemburgs Reinkarnation»verklärt«. Praktisch allerdings aktualisiert sie die Revolutionärin als Galionsfigur für die Dissidentenbewegung, indem sie Rosa-Laika noch 1957 aus dem All Verbesserungsvorschläge für die Welt unterbreiten lässt.

Ausflugszeit ist ein eminent politisches Stück, das durch die Arbeit vor allem an den Mythen der Liebe und der Utopie Wahrnehmungs- und Vorstellungsmuster aufbricht, zu neuer Auseinandersetzung mit Heldenlegenden, Vorbildern und durchgesetzten Lebensentwürfen motiviert und – trotz aller Skepsis gegenüber den Möglichkeiten utopischen Gestaltens – zum Handeln aufruft.

Dabei zeigen vor allem Szenen wie 'Spiegelgasse I' (*Az*, 62) oder '1974 Adolf Hennecke spricht' (*Az*, 63), welche politische Sprengkraft dem Stück zum Zeitpunkt seiner Entstehung innewohnte. In der ersten wird Lenin am Abend der russischen Revolution als weltfremder und schwacher Revolutionstheoretiker dargestellt, während der verfemte Trotzki als pragmatischer, begeisternder Mann der Tat erscheint. Dass damit nicht nur der Pragmatiker auf Kosten des Intellektuellen gefeiert, sondern mit Trotzki indirekt auch die Idee der permanenten Revolution gegen die Leninschen Vorstellungen von der strengen Führungsrolle der Partei szenisch befürwortet und für die DDR in Anspruch genommen wird, liegt auf der Hand.

In der zweiten der genannten Szenen tritt der Bergmann Adolf Hennecke auf, der einst 1948 in einer Sonderschicht seine Tagesnorm mit 387 Prozent erfüllte und damit zum Pionier der Aktivisten- und Wettbewerbsbewegung sowie zu einem der ersten Helden der späteren DDR wurde. Ihn lässt Hensel im Rückblick radikal das Scheitern seines Lebens und der Aktivistenbewegung resümieren:

> Meine Lösung ist die aller, aber wo sind sie: alle? [. . .] Ich habe keine Kraft mehr, meine Losungen schlagen Löcher in die Köpfe der Häuer. [. . .] Ich erinnere mich an den dreizehnten Oktober Neunzehnhundertachtundvierzig als ob er meine Zukunft gewesen war. (*Az*, 63)

Ausflugszeit ist dabei alles andere als ein bloßes Worttheater: Neben der sprachlichen Destruktion der Utopien, wie sie Luxemburg oder Hennecke vollziehen, setzt das Stück gleichermaßen auf eindringliche Bilder, auf Inszenierungen des Scheiterns. Dazu gehört zum einen, dass hier die sozialistischen, literarischen und anderen Helden wie Goethe, Faust oder die Krupskaja nicht im Gespräch Dritter in Frage gestellt werden. Vielmehr treten sie in Persona auf die Bühne, um sich dort, vor den Augen des Publikums durch Handlungen und Reden eigenhändig in Frage zu stellen und die Legende ihrer unbegrenzten Vorbildhaftigkeit zu zertrümmern.

Dazu gehört andererseits, dass zentrale Aussagen einzelner Szenen nicht nur in der Figurenrede, sondern gleichermaßen durch Kostüme, räumliche Arrangements und symbolisch übersteigerte Handlungen manifestiert werden. So ist Lenins geistige Realitätsferne in 'Spiegelgasse I' bereits daran zu erkennen, dass er hoch über der Szene auf einer Leiter bzw. einem Berg sitzt. Trotzki hingegen tritt bei gleicher Gelegenheit »in futuristischer Illumination« auf – ein starker visueller Hinweis darauf, dass hier eher er als Lenin als zukunftsweisend eingeschätzt wird. Vater und Mutter der Familienszenen schließlich handeln fast ausschließlich auf symbolische Weise. Als in 'Lauer I' die Mutter beichtet: »Mann, ich bin gestern fremdgegangen«, kommt es nicht, wie zu erwarten, zu einem offenen Ehestreit. Der Vater zieht es vor, selber einen Ehebruch zu begehen und beginnt zusammen mit der Frau einen Reigen gestischer Liebesspiele, wechselseitiger Verführungen, Ehebruchsbekenntnisse und Bezichtigungen, ein rastloses Verführen und Verstoßen, das nicht einmal durch einen Tausch von Kleidern und Rollen zu einem Ende kommt.

Ähnlich verhält es sich mit der Szene 'Lauer II' (*Az*, 62), in der der Sommer 1968, leicht zu erkennen der Prager Frühling, in einem symbolischen Akt lautstark an einer deutschen Tür klingelt. Vater und Mutter lassen ihn nicht nur nicht herein, sondern binden die Tochter, die öffnen will, an ihrem Stuhl fest und machen sie mit Essen, das sie in sie hineinstopfen, mundtot. Die Niederschlagung des Prager Frühlings wird so auf der Theaterbühne als Akt der Vergewaltigung und Knebelung dargestellt, den die Aufbaugeneration der DDR an ihren eigenen Kindern – zu denen Hensel, Jahrgang 61, gehört – begangen habe.

Kerstin Hensel hat festgelegt, dass nur sechs Schauspieler die 23 Rollen von *Ausflugszeit* übernehmen sollen, und sich damit in der Tradition des epischen Theaters für einen vielfachen Illusionsbruch und gegen ein Illusionstheater entschieden. Tatsächlich ist dieses Stück jedoch weniger an Brecht als an Heiner Müller geschult, mit dessen *Germania Tod in Berlin* die *Ausflugszeit* nicht nur die Struktur der Szenenreihung, das wechselnde Personal und den Verzicht auf eine zusammenhängende Handlung teilt, sondern darüber hinaus die Verwendung wiederkehrender, durchnummerierter Szenentitel.[17] Hensels Stück ist jedoch keineswegs epigonal, sondern eine produktive, eigenständige Aufnahme des Müllerschen Ansatzes. Denn während sich Heiner Müller, Jahrgang 1929, Augenzeuge des Weltkrieges und der Aufbaujahre der DDR, in *Germania Tod in Berlin* vor allem darum bemühte, durch einen Rückblick auf Krisen und Wendepunkte der deutschen Geschichte zwischen 1918 und 1953 die Schwierigkeiten des Lebens in der DDR zu erhellen und historisch zu verorten, rückt Hensel die Probleme ihrer Generation in den Mittelpunkt. Nicht die Schwierigkeiten im Aufbau des Sozialismus, nicht die Frage nach den Lehren aus der Zeit des dritten Reiches sind für sie zentral, sondern das Unbehagen der in der DDR Geborenen an der Starre des Systems, an der Bevormundung durch die Aufbaugeneration und die von ihr geschaffenen, unantastbaren Mythen, der grundlegende Zweifel an der Realisierbarkeit privater und politischer Utopien angesichts des Scheiterns von fast vierzig Jahren realexistierender Utopie in Form des osteuropäischen Sozialismus.

Grimma – ein alpiner Totentanz

Einen ganz anderen Entwurf stellt Kerstin Hensels viertes Theaterstück *Grimma* dar. Es entstand 1995 während ihres Aufenthalts in der Villa Massimo bei Rom und markiert nach dem noch recht schwierigen *Catull* von 1989 eine Wendung zu einer weniger experimentellen Theaterästhetik. Zwar verzichtet auch *Grimma* einmal mehr auf eine Akteinteilung und begnügt sich mit einer Gliederung in 24 aufeinanderfolgende Szenen. Anders als in *Ausflugszeit* jedoch gibt es eine zusammenhängende Handlung, die ausschließlich in der Jetztzeit spielt und mit nur sechs Figuren auskommt.

Im Mittelpunkt des Geschehens stehen zwei aus Deutschland stammende Paare, der circa fünfzigjährige, wohlsaturierte Gerontologe Dr. Wahnfried Setter mit seiner jüngeren Freundin Minna sowie das Ehepaar Max und Lucie Kern, beide pensionierte Arbeiter einer Maschinenfabrik, die zufällig im gleichen Hotel in Tirol ihren Urlaub verbringen. Nach einem ersten Treffen der beiden Paare während der Anreise, bei dem es bereits zu Herabsetzungen der Pensionisten durch den versnobten Arzt und seine Freundin kommt, begrüßt zunächst der Hotelier Maron die vier als Gäste seines Hotels. Seine Empfangsrede macht dabei bereits deutlich, auch wenn es die vier Deutschen nicht begreifen, worum es für sie im Verlauf der folgenden Szenen gehen wird: Sehnen sie sich danach, im Tirolhotel zu »vergessen, dass man fällt« (*Gr*, 7), also Abstand von ihren Problemen und dem steten Scheitern ihrer Hoffnungen und Träume zu gewinnen, so verspricht der Hotelier genau das Gegenteil:

> Ich nehm's euch ab in Mark und Lire,
> was stündlich selber ich verliere:
> die Lust, die Leidenschaft, zu leben.
> Drum will ich Schnaps, nicht Hoffnung geben.
> Ihr werdet kennenlernen, was
> Ihr seid und wer, das wird ein Spaß! (*Gr*, 7)

Folgerichtig erweist sich bereits der Morgen nach der Begrüßungs-
feier nicht als Anfang von Urlaubsglück, sondern als grau. Setter
klagt über die Krankheiten des Alters und den Verlust des Glanzes
seiner Jugend als Boxer, Minna zeigt ihm die Monotonie eines
Lebens als Hausfrau auf, während Lucie und Max mit ihrer
Unfähigkeit ringen, nach dreißig Jahren harter körperlicher Arbeit
die Vorzüge des Ruhestandes zu genießen. Auch als man sich
abends in der Hotelbar wiedertrifft, genießt man nicht gemeinsam
das Alpenparadies, sondern beleidigt sich wechselseitig: »Woher
hat ein einfacher Arbeiter so viel Geld?« – »Wir haben gespart.« –
»An Garderobe, wie man sieht« (*Gr*, 14). Im Anschluss an diese
Exposition, die die Szenen eins bis sieben umfasst, kommt das
Stück langsam in Fahrt, als die beiden Frauen zeitgleich vor ihren
Männern flüchten. Wurde das Stück bis dahin vor allem von der
Konfrontation zwischen den beiden Paaren und den Spannungen
unter den Partnern getragen, so wird nun für die Szenen 9 bis 19
der Gegensatz zwischen den beiden Frauen einerseits und den
Männern andererseits bestimmend.

Grimma allerdings bietet kein Happy End. Männer und Frauen
finden einander im Wald, verfallen einem kurzen, durch Giftpilze,
Medizin und Schnaps beförderten, nicht aber durch die Lust
aneinander ausgelösten Glücksrausch, ehe sie gemeinsam zu
einem alpinen Gipfel ziehen und sich von diesem, an Bungee-
Seilen hängend, in den Tod stürzen. So grotesk aber dieser
kollektive Suizid an Gummiseilen ist, die eigentliche Pointe
entsteht erst durch die vielfache Verknüpfung dieser Paar-
geschichte mit der Figur des Hoteliers Maron. Dieser entpuppt sich
zunehmend als ein durchaus diabolischer Charakter. Einerseits
warnt er seine Gäste vor einem gewissen »Alpenfeind«, andererseits scheint er selbst so etwas wie ein Alpengeist zu sein,
verschwindet er doch bei Gelegenheit einfach »mit einem Knall«
von der Bühne. Nachts befehligt er »Freiheitskorpssoldaten«, eine
Gruppe geisterhafter Menschen, die nach seinem Willen im Wald
Manöver durchführen. Er greift massiv in die Beziehung der
beiden Paare ein.

Maron ist es auch, der den Schlussmonolog des Stückes hält und
darin seine eigene Rolle erklärt: »Die alten Gäste sind von dannen,
/ so können wir gleich neu anfangen« (*Gr*, 44). Er ist Tod und
Teufel in einer Person und sein Hotel der Ort eines ewigen
Totentanzes. Das Paradies Tirol entpuppt sich als Ort des jüngsten
Gerichts. Entsprechend heißt es bereits in Szene sechs aus Marons

Mund: »Wer einst mein Gast gewesen, wird zu Gast mich haben. /
[. . .] Ich bin, der noch im Trüben klare Grenzen zieht« (*Gr*, 16).
Maron allerdings ist ein durchaus wählerischer Schnitter: Nur
»wer sich verlebt hat«, muss sich vor seinem Gericht verantworten,
und »Weiber« kann er in seinem »Freiheitskorps« nicht »gebrau-
chen« (*Gr*, 41).

An der Figur des Hoteliers zeigt sich, wie raffiniert und doppel-
bödig Kerstin Hensel auch dieses Stück komponiert hat. Maron
herrscht in den Alpen, befehligt Geister, hat Zauberkräfte, bringt
Menschen zur Erkenntnis, indem er ihre Konflikte auf die Spitze
treibt, und er misstraut den Menschen, vor allem den Männern. Er
heißt damit ganz zu Recht Alpenfeind, denn er ist eine abgründige
Mischung aus Ferdinand Raimunds Alpenkönig und seinem
Menschenfeind, so wie überhaupt Grimma eine modern-fatalis-
tische und fast spiegelbildliche Antwort auf das Zauberspiel des
Wiener Volkstheaterdichters ist. So verstärkt Hensels Alpenfeind
zwar, wie sein Raimundsches Vorbild, die Abgründe menschlicher
Beziehungen und treibt die Menschen dem Tode zu, am Ende aber
rettet er sie nicht, als sie sich, wie einst Rappelkopf, vom Felsen
stürzen wollen.[18] Hensel vertraut nicht mehr auf Raimunds
Theaterzauber, der plötzlich aus der Todesszene einen »Tempel
der Erkenntnis« erwachsen lässt und die Figuren einer innerwelt-
lichen Erlösung, einem irdischen Glück zuführt.[19] Doch auch ihre
Figuren bleiben nicht ungeläutert, wie Minnas fröhlich sarkastischer Ausruf am Beginn ihres Aufstieges in den Tod belegt: »Wir
sind in Grimma! Und hier bleibe ich« (*Gr*, 43). Die Provinz, die
geistige Enge, die Rituale der Arbeit und des Lebens sind
unausweichlich, so weit man auch reist, und so sehr man sich auch
emanzipiert. Erlösung besteht allein darin, die Ausweglosigkeit zu
bejahen, nicht zu rebellieren, sondern munter das Leben als
Krankheit zum Tode zu akzeptieren.

In diesem Sinne lässt sich auch das letzte Bild ausdeuten, in dem
Maron vor einer Reihe von Tischen und Stühlen eine Rede hält, die
mit verschiedenen Kleidern und Hüten belegt sind, an der sich
jedoch weder seine Geister noch neue Gäste befinden. Zwar scheint
der Tod nicht überwunden und Marons Geschäft nicht zerstört –
neue Gäste werden erwartet –, wohl aber sieht es so aus, als habe
der Fatalismus der vier Urlauber die beiden Männer davor
bewahrt, als Lemuren an Marons Tisch Platz nehmen und ihm
gehorchen zu müssen.

Ferdinand Raimunds *Der Alpenkönig und der Menschenfeind* ist eine Komödie, in der die Radikalität des Fehlgehens und der Verzweiflung Rappelkopfs, in der der Ernst des Geschehens oft die Komik überlagern und das Lachen aufheben. Hensels *Grimma* ist dagegen ein im Grunde ernstes Stück, das seine Komik aus der abgründigen, fatalistischen Fröhlichkeit erfährt, die als Antwort auf das Scheitern und den Zustand der Welt vorgestellt wird. Ganz folgerichtig wird daher das vordergründige Geschehen regelmäßig durch komische Effekte und surreale Momente durchbrochen – man denke an die Kollision von Flugzeug und Auto auf einer Serpentinenstraße, das Aufwachen von Max und Setter zur Geisterstunde im gleichen Bett und in einem verriegelten Zimmer, an Minnas und Lucies Hexenritt oder die stets stummen Auftritte des Joggers, dessen eigentliche Funktion im Dunkeln bleibt. Ganz folgerichtig wird auch *Grimma* daher von Hensel als Komödie ausgegeben, selbst wenn hier kaum heiteres Lachen erzeugt, sondern vor allem das Verlachen des Lebens und seiner Absurdität eingeübt wird.

Den Hyänen auf der Spur

Gab es schon in *Grimma* einige absurde und groteske Elemente sowie eine deutliche Sympathie der Autorin eher mit den pensionierten Arbeitern denn mit dem Arzt und seiner Freundin, so verstärken sich in *Hyänen,* Hensels sechstem, am 1. Oktober 1999 am Stadttheater Ingolstadt uraufgeführten Stück, beides, die Groteske und die Sicht von unten.[20] Dass *Hyänen* trotzdem im Untertitel nicht als Komödie oder als Farce, sondern als Schauspiel bezeichnet wird, hat seinen Grund womöglich in der eher konventionellen und an die Tradition des sozialen Dramas erinnernden Struktur des Stücks.

Sechs Figuren treten auf, die neunzehnjährige Elly Goldnau, ihre beiden Eltern, Ellys Halbbruder Zange, der Veterinäringenieur Hans Blaffert und der Verleger Samuel Hulk. Schauplatz der Handlung ist Berlin, darin vor allem Ellys Zimmer, die Straße vor der U-Bahn-Station Tierpark und das Büro von Hans Blaffert. Hensel situiert damit erstmals überhaupt eines ihrer Stücke in der modernen Großstadt und in der konkreten Arbeitswelt. Auch greift sie erstmals seit *Catull* wieder auf eine Personenkonstellation mit einer eindeutigen Hauptfigur zurück. Fast das gesamte Geschehen ist um Elly Goldnau zentriert, die in 22 der 25 wiederum nicht in Akte zusammengefassten Szenen des Stückes agiert.

Tatsächlich könnte auch die Handlung von *Hyänen* zunächst den Verdacht erwecken, hier werde ein linear verlaufendes und einfach zu deutendes Schauspiel gegeben: die anklagende Inszenierung einer weiblichen Emanzipationsgeschichte – erfüllt sie doch eine Reihe der in einem solchen Fall zu erwartenden Klischees. Elly wird gleich in den ersten Szenen als eine etwas zurückgebliebene junge Erwachsene eingeführt, die zwar als Sekretärin in einem Schlachtbetrieb ihr eigenes Geld verdient, aber noch bei den Eltern wohnt. Ihre Freizeit verbringt sie mit Puppen spielend und naiv-künstlerisch: Aus Einkaufskatalogen schneidet sie Figuren und Gegenstände aus, montiert sie neu und klebt sie auf, um mit ihrer Hilfe banalste Geschichten zu erzählen, die gemeinsam das »Bunte Buch des Lebens« (*Hy*, 6) ergeben sollen. Elly also tritt auf als der Typ des unschuldig-hilflosen Opfers, und, scheinbar folgerichtig, ist sie umgeben von einer Vielzahl ihr übel mitspielender Täterfiguren.

Ellys Eltern erkennen zwar, dass die Tochter Probleme hat, sind aber unfähig, ihr zu helfen. Massiv bedrängt die Mutter ihr Kind, endlich erwachsen und eine »selbständige moderne Frau« (*Hy*, 7) zu werden, zeigt jedoch keine Wege auf, die zu diesem Ziel führen. Der Vater dagegen rät Elly, möglichst kindlich zu bleiben, »unschuldig«, denn »ein Mann hat da Gefühle, das kannst du dir gar nicht vorstellen« (*Hy*, 8). Er ist der pädophile Sexist, der Frauen, selbst die eigenen Tochter, nur im Rahmen erotischer Wunschbilder wahrnimmt.

Blaffert wiederum, Ellys Vorgesetzter, ist ein in Vaterkomplexen und Chauvinismen gefangener Mann. Auf der einen Seite fühlt er sich zu Elly hingezogen, vermittelt ihr den Kontakt zu einem Verleger, der sich tatsächlich bereit erklärt, ihre Kitschgeschichten zu drucken, und bittet sie schließlich gar, seine Frau zu werden. Andererseits beleidigt und belästigt er Elly massiv am Arbeitsplatz, wünscht sich, von ihr geliebt zu werden, damit sie seinen Vater so »haßt, wie ich ihn hasse«, will ihr aber selber keine Liebe entgegenbringen. Folgerichtig wird Blaffert impotent, als Ellys Buch erscheint und sich gut verkauft, folgerichtig auch will er sie nur unter der Bedingung heiraten, dass ihre Kunst als abgeschlossene Lebensphase betrachtet wird, und konsequent kann er auch nach der Verlobung Elly nicht trauen und erschlägt in einer Mischung aus Trunkenheit und Eifersucht Ellys Mutter, die er im Dunkel der Nacht für seine Verlobte hält und beim Fremdgehen ertappt zu haben glaubt. Samuel Hulk schließlich ist konzipiert als der Inbegriff des gewissenlos-marktorientierten Verlegers. Er druckt Ellys Sehnsuchtscomics, weil er ihnen eine gute Chance am Markt einräumt, er lässt seine Autorin sofort fallen, als die Zusammenarbeit mit ihr keinen weiteren Profit mehr verspricht.

Hyänen stellt die Geschichte der naiven Elly dar, die von Eltern, Arbeitgeber und Verleger unausgesetzt bedrängt und ausgenutzt wird. Am Ende hat sie zwar die Mutter und den Verlag verloren, bei einem Besuch im Gefängnis jedoch, in dem Blaffert den Mord an Ellys Mutter büßt, feiert sie zunächst euphorisch ihre erstmals gewonnene grenzenlose Freiheit, um anschließend Blafferts schlimmste Ahnung zu erfüllen und ihm während eines Kusses die Zunge abzubeißen und sie zu verschlingen. Elly, so scheint es, hat sich unfreiwillig emanzipiert, und sie ist, so legt der Schluss zunächst nahe, zu einer jener Hyänen geworden, die die Menschen ihrer Umgebung immer schon waren. *Hyänen* aber ist kein Schauspiel, sondern eine Farce, der Schluss folglich kein Happy End, sondern der Gipfelpunkt des Spiels mit Klischees. Alle Figuren sind so extrem typisiert, die ganze Handlung so ins Übertriebene gesteigert und so deutlich an den Erwartungshaltungen entlang geschrieben, dass weder das Geschehen um Elly noch der Schluss ernst genommen werden können.

Wirklich ernst zu nehmen ist in diesem ganzen Stück eigentlich nur eine Person, Ellys Bruder Zange. Von Ellys Vater einst gezeugt mit einem »niedlichen Mädchen« von »noch nicht vierzehn« Jahren (*Hy*, 13), ist er die einzige Figur, die nicht unmittelbar in das Hauptgeschehen eingebunden und nicht auf einen Typ reduziert ist. Er ist eine Art umgekehrte »lustige Person«, die wie einst im Wandertheater die Haupt- und Staatsaktion stetig durch scheinbar sinnfreie Handlungen unterbricht. Elly will er auf offener Straße einer Zugfahrausweiskontrolle unterziehen, mit einer Maschinenpistole im Anschlag postiert er sich an den Eingang eines U-Bahnhofs und kündigt an, alle Schwarzfahrer zu erschießen, Blaffert befreit er von dessen Impotenz, indem er ihm rät, sich beim Sex die Genitalien eines Pudels vorzustellen und Elly »nagelt [er] ein Flugblatt mitten ins Gesicht« (*Hy*, 35). Anders jedoch als im Wandertheater ist die Haupthandlung nicht ernst, sondern eine komische Farce, so dass die Aufgabe Zanges nicht darin besteht, den Ernst durch Komik aufzulockern, sondern umgekehrt Ernst in

das lustige Treiben zu bringen. Durch die Absurdität seiner
Einmischungen stört er nachhaltig den bunten Reigen der Haupthandlung, durch seine Aggressivität und durch die soziale Kälte,
aus der er, verleugneter Sohn, Obdachloser, Amokläufer, kommt,
verweist er auf die Ernsthaftigkeit der Probleme, die von den so
unterhaltsam vorgetragenen Klischees verdeckt werden.

Hyänen ist somit durchaus ein gesellschaftskritisches Theaterstück, dessen besondere Raffinesse darin besteht, die gesellschaftlichen Missstände zunächst als klischeehafte Übertreibungen auf
die Bühne zu bringen, um sie dann mittels der Figur Zanges als
Klischee und das Spiel als Farce zu entlarven. Auf diesem Weg
werden nicht nur die sozialen Missstände selbst, sondern auch das
immer wieder in Klischees festgefahrene Reden über dieselben
dem Publikum vor Augen gestellt. Dass sich dieses Konzept
tatsächlich gut und überzeugend auf der Bühne umsetzen lässt,
deuten die positiven Kritiken an, die nach der Ingolstädter Urauf-
führung erschienen sind.[21]

Kerstin Hensel hat in ihren poetologischen Äußerungen
hinsichtlich des Schauspiels immer wieder deutlich gemacht, dass
ihre Stücke durch Verknappungen, Typisierungen und absurde
bzw. groteske Elemente arbeiten sollen und weniger auf Einfühlung, denn auf Verstörung zielen. Die hier untersuchten drei
Stücke zeigen, wie konsequent sie tatsächlich auch in der Praxis
des Schreibens solchen Vorsätzen gefolgt ist. *Ausflugszeit* ist dabei
zweifellos das raffinierteste, ein vielbödiges, experimentelles und
politisch-rebellisches Theaterstück, das allerdings zehn Jahre nach
dem Untergang der DDR und damit des politisch-sozialen
Umfeldes, mit dem und an dem es arbeitet, wohl kaum noch auf
der Bühne funktionieren kann. *Grimma* und *Hyänen* sind hingegen
auf eine direktere Weise gesellschaftskritisch ausgerichtet. Für alle
drei Stücke gilt zugleich, dass sie sich einem unmittelbaren
Verständnis, einer schnellen Entschlüsselung und Wahrnehmung
aller Anspielungen und Doppeldeutigkeiten verweigern. Sie
arbeiten intensiv mit bewussten Brüchen und Verknappungen,
sind zersplitterte, lückenhafte und scharfkantig ausgreifende
Bilderbögen, kaleidoskopartige Kommentare zur gegenwärtigen
Lebenswelt, die in ihrer Kombination von abgründiger Komik,
fatalistischer Weltsicht, Lust am Bühnenspiel und dem Spaß am
Verschrecken auf der deutschen Bühne recht einmalig sind.

Anmerkungen

[1] Volker Trauth, 'Indem ich schreibe, suche ich eine Antwort'. Gespräch mit Kerstin Hensel, *Theater der Zeit*, 43 (1988), 59–60, hier 59.

[2] Klaus Hammer, 'Gespräch mit Kerstin Hensel', *Weimarer Beiträge*, 37 (1991), 93–110, hier 94.

[3] Ibid. Vgl. auch Ronald Richter, 'Überall ist Grimma'. Gespräch mit Kerstin Hensel, *Theater der Zeit*, 51 (1996), 86–7, hier 86.

[4] »Es handelte von einer alten Frau, die lebte mit drei Katzen zusammen und die tötete systematisch die Katzen, und die Katzen töteten systematisch sie. Das ist auch in meinem Buch, in einer anderen Version natürlich: Der Katzenbericht« (*D!* 41).

[5] Abgesehen von Sigrid Lange, 'Perspektiven des Komischen im Drama. Beobachtungen zu einem unübersichtlichen Thema', in Volker Wehdeking (Hg.), *Mentalitätswandel in der deutschen Literatur zur Einheit (1990–2000)* (Berlin, E. Schmidt, 2000), 81–95, hat die Literaturwissenschaft Hensels Dramen bisher nicht in den Blick genommen. Doch auch Langes Aufsatz trägt nur wenig zum Verständnis der Henselschen Dramen bei: Sie bezieht sich ausschließlich auf *Grimma* und behandelt das Stück nur in wenigen Absätzen.

[6] Kerstin Hensel, 'Der geschundene Text', *Theater der Zeit*, 52 (1997), 26–8, hier 28. Vgl. auch Hammer, 'Gespräch mit Kerstin Hensel', 98.

[7] Hammer, 106.

[8] Vgl. Hammer, 102 und 110, aber auch Anne Passow, 'Schreiben als Antwort', *Stück-Werk. Deutschsprachige Dramatik der 90er Jahre. Theater der Zeit* (Berlin, Internationales Theaterinstitut, 1997), 51–4, hier 53.

[9] Trauth, 'Indem ich schreibe', 60; Richter, 'Überall ist Grimma', 86; und Passow, 'Schreiben als Antwort', 53.

[10] Hammer, 'Gespräch mit Kerstin Hensel', 98 und 106, sowie *D!*, 45.

[11] Richter, 'Überall ist Grimma', 86, und Hensel, 'Der geschundene Text', 28.

[12] Hammer, 'Gespräch mit Kerstin Hensel', 102.

[13] »Unsere Zeit ist eine, wo die Groteske blüht. Immer wenn ein Weltbild zerstört wurde [...] wurde das Theater schrill. Und immer bedeutete dies, bei allem nötigen Aufstand gegen das herkömmliche, eine Einschränkung für das Theater. Wo Menschengeschichten nicht schreib- und aufführbar sind [...] lauert hinterm Eisernen die tödliche Langeweile. Jedes Theater muß naturgemäß dagegen sein.« (Hensel, 'Der geschundene Text', 28).

[14] Birgit Dahlke, 'Der langsame Blick, der gute Text. Gespräch mit Kerstin Hensel', *ndl*, 48 (2000), 41–53, hier 45.

[15] Hensel, 'Der geschundene Text', 28.

[16] Bei Goethe im *Faust II* heißt es hingegen, V 12110–11: »Das Ewig-Weibliche / Zieht uns hinan.« Hier und im Folgenden wird Goethes Faust

zitiert nach: *Goethes Werke*. Band 14 (Faust I) und Band 15 (Faust II), (München, dtv, 1987).

[17] Heiner Müller, *Germania Tod in Berlin* (Berlin, Rotbuch, 1977).

[18] Ferdinand Raimund, *Der Alpenkönig und der Menschenfeind*, in Margarethe Castle und Eduard Castle (Hg.), *Ferdinand Raimunds Dramatische Dichtungen* (Nendeln, Kraus Reprint, 1974), 91–210, hier besonders der 14. und 15. Auftritt des zweiten Aufzuges (190–200).

[19] Vgl. Raimund, *Alpenkönig*, 197: »Schnelle Verwandlung in den Tempel der Erkenntnis«.

[20] Da *Hyänen* bisher nicht gedruckt vorliegt, zitiere ich im Folgenden aus dem Bühnenmanuskript des Stückes, das freundlicherweise Kerstin Hensels Theaterverlag, der 'Projekt Theater & Medien Verlag' in Köln, zur Verfügung gestellt hat.

[21] Vgl. etwa: 'Elly neben der Zeit', *Nürnberger Nachrichten*, 20. Mai 2000; Josef Heumann, 'Elly wird zum Ereignis', *Neuburger Rundschau*, 4. Oktober 1999; 'Comic des Lebens', *Süddeutsche Zeitung*, 5. Oktober 1999.

14

Laudatio Kerstin Hensel

INGE STEPHAN

»Es geht nur, weil ich schreibe«[1]
Was bedeuten Lesen und Schreiben für das kulturelle Selbstverständnis einer Gesellschaft, die durch die medialen und politischen Umbrüche des letzten Jahrzehnts in ihren eingespielten Rezeptionsweisen und Kommunikationsgewohnheiten eine tiefgreifende Veränderung erfahren hat? Steht der Tod der Literatur, von dem schon so oft – besonders in Krisenzeiten – geredet worden ist, in unserem neu angebrochenen Jahrtausend tatsächlich unmittelbar bevor? Diese Fragen drängen sich geradezu auf, wenn man Literaturpreise zu vergeben und Laudationes zu schreiben hat. Sie stellen sich aber auch für Schriftsteller, die sich in der gegenwärtigen Konkurrenz- und Mediengesellschaft behaupten müssen – insbesondere für diejenigen, für die sich die Grundlagen ihres Selbstverständnisses mit dem Zusammenbruch der sogenannten Lese- und Literaturgesellschaft der DDR dramatisch verändert haben.

Die Preisträgerin Kerstin Hensel, über deren Werk ich heute die Ehre habe zu sprechen, gehört zu diesen Schriftstellern. Sie gehört aber nicht zu den Zweiflern oder zu denen, die sich modisch anpassen, sondern zu denjenigen, die unbeirrt und geradezu trotzig an der Sinnhaftigkeit der eigenen Tätigkeit als Schriftstellerin festhalten. Wenn man die Texte von Kerstin Hensel liest, erübrigen sich die Fragen nach dem Sinn von Literatur. Lesen und Schreiben sind für Hensel keine kulturellen Praktiken, von denen man sich verabschieden kann, sondern Grundbedürfnisse des eigenen Lebens, um deren Befriedigung jedoch gekämpft werden muß.

Hensels Erzählung *Tanz am Kanal*, 1994 veröffentlicht, beginnt mit einer eindrucksvollen Szene: Ein junges Mädchen, das als

Obdachlose am Kanal lebt, sucht sich Plakatfetzen und Tüten zusammen, um ihr Leben aufzuschreiben:

> Jetzt, da mir ein großer glatter Bogen Packpapier am linken Brückenpfeiler vor den Füßen liegt, erfahre ich das erste Mal seit Jahren wieder Freude. Es ist kein Zufall, daß mir das Schicksal dieses Papier bringt, denn ich bin auserwählt zu schreiben. Zu nichts sonst auf der Welt, als mein Leben zu erzählen; an diesem Tag werde ich damit beginnen. (*TaK*, 7)

Die Geschichte, die das Mädchen an einem Julitag im Jahre 1994 aufschreibt, ist nicht das Leben von Kerstin Hensel noch ist es eine Wunschbiographie, mit der sich die aus kleinsten Verhältnissen stammende Autorin in einen adlig-intellektuellen Zusammenhang hineinzuphantasieren sucht. Es ist vielmehr die schonungslose Abrechnung mit den bedrückenden familiären und politischen Verhältnissen, die aus einem jungen, privilegierten Mädchen eine Aussteigerin und Obdachlose werden läßt. Gabriela erlebt den Zerfall ihrer familiären Situation fast zeitgleich mit dem Untergang der DDR. Der Vater, der als Obermedizinalrat auch im Sozialismus Karriere gemacht hat, verfällt dem Alkohol und den Frauen, die Mutter, eine spießig-frustrierte Hausfrau, brennt mit einem dubiosen Schauspieler durch und der gewaltsame Tod des Onkels an der Grenze wird unbarmherzig aus dem Gedächtnis der Familie verdrängt. Eine angeblich längst überwundene bourgeoise Lebenshaltung trifft sich in ihrer Spießbürgerlichkeit und zugleich in der ganzen Brutalität, mit der das Abweichende ausgegrenzt wird, mit den Ordnungsvorstellungen im real existierenden Sozialismus, der Abweichungen ebenfalls nicht dulden kann. Vater und Mutter sind ebensowenig wie die gesellschaftlichen Institutionen in der Lage, sich mit dem Begehren der Tochter nach einem selbstbestimmten Leben verständnisvoll auseinanderzusetzen. In dieser Situation der Einsamkeit und Isolation ist die Freundschaft zu Katka besonders wichtig. Katka ist ein Mädchen aus dem asozialen Milieu, das es ebenso wie das adlige Ambiente, in dem Gabrielas Familie lebt, in der DDR eigentlich gar nicht mehr geben darf. Lebensrettend aber ist das Lesen für das einsame Mädchen:

> Die Scheidung meiner Eltern fand im Sommer statt. Ich war 13 Jahre alt, und mir schien bis zu diesem Tag, als sei ich nicht anwesend gewesen auf dieser Welt. Ich kroch unter die Verandatreppe, suchte

nach irgendetwas, fand Spinnen und Regenwürmer. [. . .] Ich stöberte im Gemöhle herum, brach Kisten auf, durchwühlte Körbe. Ich versuchte zu weinen. Unten im Musikzimmer spielte die Scheidung meiner Eltern. Ich setzte mich auf einen Haufen Lumpen und wartete im Knistern sommerschweren Gebälks auf Tränen. Neben mir, in einer holzkäferzerfressenen Truhe fand ich Bücher. Nebeneinander legte ich, was die Kiste barg: Acht Bände 'Goldköpfchen', sechs Bände 'Nesthäkchen', etliche Wander- und Naturgeschichten – die Bücher meiner Großmutter. Ich schlug das Erstbeste auf, buchstabierte mich durch die alte Schrift, erfaßte bald die Sätze, las. Den ganzen Tag und die halbe Nacht las ich Mädchengeschichten. Ich war nun dankbar, daß die Tränen ausblieben, daß sich mir eine Welt eröffnete. Ich las Buch um Buch. Immer wenn die Schule aus war, stieg ich auf den Dachboden. (*TaK*, 51–2)

Der Dachboden mit seinen Büchern wird zum Zufluchtsort eines jungen Mädchens, das jenseits von Familie, Schule und Pionierorganisation eine eigene Welt sucht. Kerstin Hensel ruft hier einen literarischen Topos auf, den wir kennen – aus der Literatur, aber auch aus der eigenen Erfahrung.

Daß Bücher alternative Welten eröffnen können, hat Kerstin Hensel, die aus einem bücherfreien und bildungsfernen Elternhaus stammt, als Glück erfahren, das sie bis heute über Enttäuschungen hinwegträgt. In einem unveröffentlichten autobiographischen Text stoßen wir auf folgende Erinnerung:

Alles begann mit der Fahrenden Bibliothek. Jeden Monat hielt vor unserem Arbeiterwohngenossenschaftshaus ein Wagen der Bezirksbibliothek Karl-Marx-Stadt, der die Bücherkiste brachte. Meine Eltern hatten sich breitschlagen lassen, an die Mieter des Wohnblocks bei Bedarf den Inhalt auszugeben, wieder einzutreiben und eine Liste über die Ausleihe zu führen. Jeden Monat sehnte ich die Ankunft der Kiste herbei. Zwanzig Kilogramm Bücher standen gegen 'Schlagerparade' und 'Ein Kessel Buntes' – Schwarzweiß-Television, die die Kultur in meiner Familie bestimmte. Mit fünf Jahren hatte ich mir das Lesen der Frakturschrift anhand von Jungmädchenschrott aus der Kaiser- und Nazizeit beigebracht. Mit Schulbeginn hatte ich alle Bände von 'Nesthäkchen' und 'Goldköpfchen' nebst einigen Frontkämpferschriften aus Großvaters finsterem Schrank gelesen. Ich fürchte, damit begann meine Liebe zur Literatur.

Hensel liest wahllos und leidenschaftlich, nicht nur die Bücher aus der Kiste, sondern auch Märchen, die sie bis heute faszinieren. Bald genügen Kerstin Hensel jedoch die Märchen und die Bücher aus der Kiste nicht mehr. Aus einer »naiven Schmökerin« wird langsam eine »bewußte Leserin«, die sich mit der Lektüreerfahrung kritisch auseinandersetzt und sich »Weltliteratur« unsystematisch und autodidaktisch aneignet. Um 1980 – damals war Kerstin Hensel noch nicht einmal 20 Jahre alt und arbeitete nach dem Schulabschluß und nach einem Studium an der Medizinischen Fachschule in Karl-Marx-Stadt als chirurgische Krankenschwester – war sie schließlich bei den Klassikern der Moderne angekommen. Vor allem Heiner Müller hinterließ einen tiefen Eindruck bei ihr.

Als sie 1982 ihre Arbeit als Krankenschwester aufkündigte und ans Literaturinstitut nach Leipzig ging, war ihr literarisches Fundament weitgehend gelegt. Trotzdem wurde die Bibliothek des Literaturinstituts, wo es Bücher gab, die sonst in der DDR nicht zu haben waren, zum bevorzugten Ort ihres Studiums, weil auch hier immer wieder Entdeckungen zu machen waren.

Kerstin Hensel war aber nicht nur eine große Lesebegeisterte, die wie ein Schwamm alles aufsog, was sie sich beschaffen konnte, sie war von Kindheit an auch eine begeisterte Schreiberin. Lesen und Schreiben bildeten schon sehr früh eine Einheit. Waren es zunächst die Märchen, die für sie ein Vorbild für das eigene Schreiben abgaben, so waren es anschließend die großen Realisten, später dann Heiner Müller und noch später Günter Grass, die ihr die Welt aufschlossen und sie literarisch beeinflußten.

> 1982 las ich zufällig die *Blechtrommel* von Günter Grass. [. . .] Diese Sprache, unverschämt und sinnlich, ausladend und aufdeckend, hatte ich nirgendwo bisher gefunden. Ich las fortan alles, was es von Grass im Bibliotheksgiftschrank gab und war unendlich fasziniert. Aber ich hütete diese Lektüre, indem ich niemanden davon erzählte, sie eifersüchtig versteckte, um ganz allein davon zu profitieren. 1984 durfte erstmals in der DDR ein Büchlein von Günter Grass erscheinen. Da begriff ich, daß man uns bis dahin Weltliteratur vorenthalten hatte. Germanisten wollen herausgefunden haben, daß mein erster Erzählband Spuren der Grasschen Offenbarung aufzuweisen habe.[2]

In ihren unveröffentlichten autobiographischen Aufzeichnungen spricht Hensel selbstkritisch von den »epigonalen Affären«, die sie mit der Literatur damals eingegangen ist.

Wie aber wird aus einer »schreibenden Krankenschwester«, als die sich Hensel selbstironisch bezeichnet hat, eine Schriftstellerin, die sich nicht in den Texten anderer Autoren verliert oder diese nachzuahmen versucht, sondern eine Dichterin, die sich ihre eigenen phantastischen Welten schafft?

In dem 1990 erschienenen Rückblick 'Ohne Angst und an allen Dummköpfen vorbei', der sich in dem Band *Angestaut* (1993) befindet, der den bezeichnenden Untertitel *Aus meinem Sudelbuch* trägt, spekuliert Kerstin Hensel – am winzigen Schreibtisch einer Dichterkollegin sitzend – über die eigene Lust am Schreiben. Dabei verwirft sie jede naheliegende autobiographische Begründung und verweist statt dessen auf die Erfahrung, ohne die Schreiben nicht möglich ist. Diese Erfahrung aber darf mit Autobiographie nicht verwechselt werden. Der erste größere Text Hensels ist keine reale Geschichte, sondern ein »Greuelmärchen«, über das sie folgendes schreibt:

Der Titel hieß 'Katzenbericht': Eine einsame, kriegs- und gegenwartsgeschädigte Greisin lebt mit drei Katzen zusammen. Die Katzen töten die Greisin, welche die Katzen tötet. Mit dem ersten Aufschreiben hatte ich zugleich *die* Haltung heraus, die mühsam, aber stetig zur eigenen Poetik führte; ich verknüpfte gleichermaßen (d. h. auch für mich, nicht mehr zu trennen) Empirisches und Fiktives. Ein großes traumhaftes Erzählen begann für mich, freilich ohne die Trance des Unterbewußten. So ist alles, was ich daraufhin schrieb, und alles was ich an literarischen Texten schreiben werde: *erfahrene Erfindung*. Das ist der Punkt, auf dem ich beharre: Die Welten zu wechseln, ohne die Schreibtischgrenze überschreiten zu müssen. Ohne diesen Punkt, davon bin ich überzeugt, ist generell keine Literatur zu machen. Prosa handelt von der Geschichte der Menschen und vom Autor nur insofern, als er mit *seiner* Hand diese Geschichte gestaltet. (*A*, 56)

Erfindung und Erfahrung, und das heißt auch immer Leseerfahrung, mischen sich in allen Prosatexten Hensels in höchst komplexer Weise. Ihr 1999 erschienener Roman *Gipshut* entwirft mit einer Fabulierlust, die an Fontane und Grass gleichermaßen erinnert, phantastische Szenarien, in denen sich deutsch-deutsche Geschichten makaber verschränken. Erzählt werden die Erlebnisse eines deutsch-deutschen Forschungsteams, das sich im Jahre 1996 auf Vulkansuche in der Mark Brandenburg befindet. Auf den Erkundungstouren geschehen bizarre Dinge: Der See beginnt zu sprechen und die Erde zu beben. Die Sagen- und Geisterwelt der Mark Brandenburg gewinnen eine beunruhigende Lebendigkeit und die Geschichte der beiden Forscher beginnt sich mit der Biographie des monströsen Hans Kielkropf zu verknüpfen, der vergeblich in der sozialistischen Gesellschaft Karriere zu machen versucht hat und nach dem Mauerfall als Wächter im Berliner Stadtschloß seinen aufgestauten zerstörerischen Lüsten freien Lauf läßt: Er legt Hand an die morschen Gasleitungen im Stadtschloß und führt damit jenen vulkanischen Ausbruch herbei, in dem alte und neue Welt versinken. Wie ein Nero im Westentaschenformat schaut er dem grandiosen Spektakel zu, das sich vor seinen Augen abspielt:

> Ein Glas Sekt in der Hand, steht er auf dem kleinen Balkon seiner Hellersdorfer Plattenbauwohnung und schaut in die Ferne. In jene Ferne, die auch der Himmel ist, der plötzlich, nach dem Hans dem Weltraum zugeprostet hat, an seiner tiefsten Stelle lebendig wird. Weit draußen beginnt es zu rollen und zu grollen, und in Hans regt sich ein scharfer Strahl Glück, springt auf und sinkt wieder in die Tiefe, drängt noch einmal wie Sektperlen durch die Nase und Hans sieht einen hellen, bengalischen Schein, der allmählich eine feurige Kuppel bildet, einen anschwellenden Pilzkopf in närrischer Schönheit rot, gelb, grün, der aufsteigt in den Himmel der Hauptstadt. Dinge werden aus unbekannter Tiefe über die Stadt geschleudert, in wirbelnden Eskapaden Widderköpfe, Adler, Genien, Putten, Säulen, Portale, eine glühende Venus, die Maske eines Unbekannten, alles aus Gips, der weiß-staubig das Licht bindet für kurze Zeit, um Raum zu schaffen für neue gigantische Energien, rasende Nukleonen, die alles herausreißen, was versunken, vermauert, vergessen war. Hans Kielkropf steht auf seinem Balkon über der Stadt Berlin, bis der Himmel erloschen und hinter der weiten gleißenden Ebene, ganz leis, als hätte es etwas zu bedeuten, ein Löschzug zu hören ist. (*G*, 226–7)

Der Verweis auf den Löschzug am Ende bricht das Pathos des Untergangsszenarios ganz entschieden und stellt die ironische Distanz her, die alle Prosatexte von Kerstin Hensel mehr oder minder auszeichnen. Wir stutzen: Hat sich alles nur in der Phantasie von Hans Kielkropf abgespielt, wird seine momentane Sektlaune in kosmisch-komische Dimensionen übertragen? Ist das Berliner Stadtschloß, das ja schon lange vor 1989 auf Befehl der DDR-Machthaber gesprengt worden ist, tatsächlich in die Luft geflogen oder handelt es sich um ein atomares Inferno, in dem alte DDR und neues Deutschland gemeinschaftlich untergehen? Oder ist Hans Kielkropf nur harmloser Zuschauer eines Feuerwerks, worauf der »bengalische Schein« verweisen könnte? Eine eindeutige Antwort ist auf diese Fragen ebenso schwer zu geben, wie auf die Frage, ob das Ende ein Untergangsszenario darstellt oder ob wir Zeugen eines Neuanfangs werden, in dem alles,»was versunken, vermauert, vergessen war«, an die Oberfläche drängt? Die Autorin verwischt in ihrem Roman die Grenze zwischen Realem und Fiktivem so systematisch, daß alles möglich erscheint. Wichtiger als eine eindeutige Auflösung ist die Wahrnehmung der Gewalt – als reale oder phantasierte –, die aus dem Schlußtableau des Romans spricht und auf die Gewalt und die Kränkungen zurückverweist, die die Figuren in der Gesellschaft erfahren haben. Die Gewalt und die daraus resultierende Wut und Erbitterung sind die Verbindungsglieder zwischen *Erfahrung* und *Erfindung* und erzeugen eine erzählerische Härte, die sich nicht logisch, geschweige denn versöhnlich auflösen läßt. Der böse und unerbittliche Blick, der Kerstin Hensel von der Kritik nachgesagt worden ist, verhindert jedes vorschnelle Einverständnis mit den Verhältnissen – weder mit denen in der alten DDR noch mit denen in der neuen Bundesrepublik.

Wenn von der Kritik behauptet worden ist, daß Kerstin Hensel »DDR-Literatur nach dem Ende der DDR« schreibe, so ist daran soviel richtig, daß sie ihre biographischen und gesellschaftlichen Wurzeln niemals verleugnet hat. Ihr Geburtsjahr 1961 fällt mit dem Mauerbau zusammen und ihr erster Erzählungsband *Hallimasch* wird 1989, im Jahr des Zusammenbruchs der DDR, veröffentlicht. Alle Texte Hensels nach 1989 sind »Wende-Romane«, Zeugnisse für die schwierige Annäherung zweier deutscher Staaten, die beide auf dem Beschweigen der Schuld aufgebaut haben und zugleich Belege für das widersprüchliche Verhältnis von ehemaligen DDR-Intellektuellen zu einer gesellschaftlichen Ordnung, die ihnen als eigene anzunehmen nach wie vor schwerfällt.

Wenn Kerstin Hensel in dem Band *Angestaut* (1993) an die untergegangene DDR zurückdenkt, dann erinnert sie sich vor allem an den Widerspruch, aus dem heraus sie damals gelebt und geschrieben hat:

> Als es einmal eine DDR gab, lebte ich in drei verschiedenen Kellerwohnungen mit einem Kleinkind und jeweils vier bis sechs Ratten, mit wenig Geld und vielen Freunden. Ich schrieb ohne Angst und an allen Dummköpfen vorbei. Wir schrieben, malten, spielten und komponierten aus dem Widerspruch heraus; gesellschaftlichen Spuk zu erfahren und eine Vorstellung vom Leben zu haben, das uns alle meint. (*A*, 58)

Das emphatische »wir« der Erinnerung zeugt von einer gewissen Nostalgie, mit der sich Hensel – neben den Widersprüchen – auch an die Übereinstimmung erinnert, in der sie sich damals befunden hat: »Als es einmal eine DDR gab, kannte ich Menschen, die lasen meine Bücher, die hörten mir bei meinen Lesungen zu und stritten sich über die Texte« (*A*, 58).

Nach 1989 bestehen die Widersprüche weiter fort, verloren gegangen ist jedoch die Übereinstimmung. Hensel sieht sich plötzlich mit öffentlichen Ansprüchen konfrontiert, die sich weniger auf ihre Texte denn auf ihre Person richten. Als Schriftstellerin, als die sie plötzlich wahrgenommen und tituliert wird, verlangt man von ihr Bekenntnisse:

> Das wenigste, was die Leute von dir verlangen, sind deine Texte – sie wollen darüber hinaus (besser: überhaupt nur) bündige populäre Einsichten über Politik, Statements, Hilfestellung fürs eigene verkorkste Leben im Sinne praktischer Ratschläge; [...] Seit meiner Titulierung bin ich völlig überfordert. (*A*, 58)

Gerade aber in einer solchen Situation der permanenten Überforderung, in der wohl nicht zufällig die problematische Formulierung von der »neuen Diktatur« fällt, wird die Literatur wichtiger denn je. Wie aus einem Vulkan sprudeln die Texte nach 1989 aus Kerstin Hensel heraus: Zwischen 1989 und 1999 veröffentlicht sie acht Prosabände, drei Gedichtsammlungen und eine Reihe von bibliophilen Einzelausgaben, schreibt Essays, Hörspiele, Filmszenarien und zahlreiche Dramen, von denen *Hyänen* 1999 am Theater in Ingolstadt uraufgeführt worden ist. Natürlich lassen sich die Fülle und die verwirrende Vielfalt der Texte auch mit dem ökonomischen Druck erklären, dem Hensel nach 1989 als »freie Schriftstellerin« und als alleinerziehende Mutter ausgesetzt ist. Die Lehraufträge für Deutsche Verssprache und Versgeschichte an der Hochschule für Schauspielkunst in Berlin und an der Filmhochschule in Potsdam bedeuten zwar eine gewisse finanzielle Entlastung, verknappen aber die kostbare Schreibzeit. Jenseits aller finanziellen Notwendigkeiten zeigt der enorme Produktionsausstoß meines Erachtens, wieviel sich in Hensel »angestaut« hat und nach einem Ventil sucht. Ohne die dramatische und lyrische Produktion abwerten zu wollen – als Lyrikerin ist Hensel bereits mehrfach ausgezeichnet worden –, läßt sich doch sagen, daß der epischen Form eine besondere Bedeutung im Schaffen Hensels zukommt. Die unbändige Fabulierlust, die makabre Ironie, der komisch-schräge Blick und die Vorliebe für groteske Szenarien und Figuren, die Hensel mit Irmtraud Morgner, der bedeutendsten Schriftstellerin der alten DDR, teilt, kann sich im Roman und in der Erzählung am wirksamsten entfalten. In gewisser Weise setzt Hensel die satirisch-anarchische Erzähltradition der 1990 verstorbenen Morgner fort. »Ich kann nur leben mit dem Lachen über den Popanz«, hat Irmtraud Morgner mit traurigem Blick auf die Verhältnisse in Ost und West einmal gesagt, und Kerstin Hensel pflichtet ihr bei, wenn sie ihre Heldin Gabriela in der Erzählung *Tanz am Kanal* sagen läßt: »Es geht, aber es geht nur, weil ich schreibe« (*TaK*, 17).

Anmerkungen

[1] 'Laudatio zum Gerrit-Engelke-Literaturpreis der Stadt Hannover 1999'. First published in *Die Horen. Zeitschrift für Literatur, Kunst und Kritik*, 197 (2000), 103–10. With thanks for permission to publish again here.

[2] Unveröffentlichter autobiographischer Text.

15

Bibliography

BETH LINKLATER AND LYN MARVEN

CONTENTS

1. Primary Literature
1.a Prose works
1.b Anthologies of poems
1.c Limited and illustrated editions
1.d Prose extracts, poems, essays, open letters and articles
1.e Edited volumes
1.f Translations and free renderings
1.g Plays and operas
1.h Television and film scripts
1.i Radio plays
1.j Interviews and portraits
1.k Reviews

Works are listed chronologically.

2. Secondary Literature
2.a General studies
2.b Individual texts

Books and articles are listed alphabetically, by author's surname.

1.   Primary Literature

1.a Prose works
1. *Hallimasch. Erzählungen* (Halle, Mitteldeutscher, 1989) [Frankfurt am Main, Luchterhand, 1989].
2. *Ulriche and Kühleborn. Erzählung* (Leipzig, Reclam, 1990).
3. *Auditorium panopticum. Roman* (Halle, Mitteldeutscher, 1991).
4. *Im Schlauch. Erzählung* (Frankfurt am Main, Suhrkamp, 1993).
5. *Tanz am Kanal. Erzählung* (Frankfurt am Main, Suhrkamp, 1994).
6. *Neunerlei. Erzählungen* (Leipzig, Gustav Kiepenheuer, 1997).
7. *Gipshut. Roman* (Leipzig, Gustav Kiepenheuer, 1999).
8. *Im Spinnhaus. Roman* (Munich, Luchterhand, 2002).

1.b Anthologies of poems
1. *Poesiealbum. Gedichte* (Berlin, Neues Leben, 1983).
2. *Stilleben mit Zukunft. Gedichte* (Halle, Mitteldeutscher, 1986).
3. *Schlaraffenzucht. Gedichte* (Frankfurt am Main, Luchterhand, 1989).
4. *Gewitterfront. Gedichte* (Halle/Leipzig, Mitteldeutscher, 1991).
5. *Freistoß. Gedichte* (Leipzig, Connewitzer Verlagsbuchhandlung, 1995).
6. *Bahnhof verstehen. Gedichte 1995–2000* (Munich, Luchterhand, 2001).

1.c Limited and illustrated editions
1. *Lilit. Erzählung*, illustrated by Reinhard Minkewitz (Eigenverlag, 1987).
2. *Stinopel. Erzählung*, illustrated by Reinhard Minkewitz (Eigenverlag, 1987).
3. *Ab tritt Fräulein Jungfer! Liebesgedichte* (Berlin, Edition Balance, 1991).
4. *Bagatellen. Gedichte*, illustrated by Karl-Georg Hirsch (Leipzig, Gutenberg-Presse, 1992).
5. *Kahlkuß. Gedichte*, illustrated by Karl-Georg Hirsch (Rudolstadt, burgart Presse, 1993).
6. *Diana! Gespräch mit Elke Erb*, illustrated by Karla Wosnitza (Berlin, Kontext, 1993).
7. *Augenpfad. Gedichte and Prosa*, illustrated by Angela Hampel (Gotha, Edition balance, 1995).
8. *Volksfest by Bürgerbräu. Berlingedichte*, illustrated by Detlef Olschewski (Berlin, Mariannenpresse, 1998).
9. *Totentänze. Gedichte*, illustrated by Karl-Georg Hirsch (Leipzig, Leipziger Bibliophilen-Abend e.V., 1998).
10. *Alles war so, alles war anders. Texte*, with photographs by Thomas Billhardt (Leipzig, Gustav Kiepenheuer, 1999).
11. *Der Tappeinerweg. Erzählung* (Dresden, Die Scheune, 1999).

1.d Prose extracts, poems, essays, open letters and articles
1. 'Herr Johannes', *Sinn und Form*, 39, 2 (1987), 972–95.
2. 'Linie 1', *ndl*, 4 (1988), 78–9.

3. 'Ein Maler will Hensel malen', *Deutsche Volkszeitung*, 8 April 1988.
4. 'Wende', *Temperamente* 1 (1990), 138.
5. 'Ein Hausmärchen', *Deutsche Volkszeitung*, 29 June 1990.
6. 'Die Kette der Ricke', *Sinn und Form*, 42, 1 (1990), 528.
7. 'Ohne Angst und an allen Dummköpfen vorbei', in Anna Mudry (ed.), *Gute Nacht du Schöne* (Frankfurt, Luchterhand, 1991) 116–23.
8. 'Gedächtnis-Schneise', *der Literat*, 33, 7 (1991), 15–17 and 8 (1991), 13–15.
9. 'Das Kind. Funkmonolog', in Wilhelm Solms (ed.), *Begrenzt glücklich: Kindheit in der DDR* (Marburg, Hitzeroth, 1992), 19–26.
10. 'Altmodisch, daß es zum Himmel schrie', *Deutsches Allgemeines Sonntagsblatt*, 8 May 1992.
11. *Angestaut. Gedichte, Feuilleton, Essais* (Halle, Mitteldeutscher, 1993).
12. 'Über dem Jammertal', *Publizistik und Kunst*, 2 (1993), 33–5 and *ndl*, 1 (1993), 77–83.
13. 'IM Positiv', *Freitag*, 23 April 1993.
14. 'Thaiwans Leibchen: 12 Tee Aberstücke', *Zeitschrift für Literatur*, 30 November 1993, 67–9.
15. 'Meine Jahre mit Helmut Kohl', *Die Zeit*, 19 August 1994; also published in Ulrich Greiner (ed.), *Meine Jahre mit Helmut Kohl* (Mannheim, Bollmann, 1994), 70–2.
16. 'Das Eine und nicht das Andere: Zum Thema Schreiben in der DDR', *ndl*, 4 (1995), 19–23.
17. 'Kopfball und Verlängerung: Ein Meister aus Deutschland', *Freitag*, 5 July 1996.
18. *United Colours of Buxtehude. Kettengedicht* with Uli Becker, Michael Buselmeier and Helga M. Novak (Leipzig, Faber & Faber, Die Sissyphose Bücherreihe, 1997).
19. 'Der geschundene Text', *Theater der Zeit*, 52 (1997), 26–8.

1.e Edited volumes
1. *COR/ART/ORIUM. Blätter für Lyrik und Graphik*, with Karl-Georg Hirsch (Leipzig und Berlin, 1988–91; Berlin, Rütten & Loening, 1991–94).
2. *Kreuzzertretung! Werksauswahl von Christine Lavant* (Leipzig, Reclam, 1994).

1.f Translations and free renderings
1. *Edgar Allen Poe* (Berlin, Neues Leben, 1987).
2. *Alexandre Laiko* (Berlin, Sinn and Form, 1997).
3. *Boris Pasternak* (Berlin and Weimar, Aufbau, 1997).
4. *Übersetzung eines Theaterstückes aus dem Englischen: Joanna Laurens: Die drei Vögel* (Köln, Projekttheater Jussenhoven, 2002).

1.g Plays and operas
1. *Ausflugszeit. Eine Collage, Theater der Zeit*, 43 (1988), 61–4.
2. *Catull. Ein Schauspiel* (Berlin, Autoren-Kollgeium, 1989).
3. *Rondo allemagne*, with music by Friedrich Schenker, first performed Hannover, 1990.
4. *Grimma, Theater der Zeit*, 4 (1996); also published by Deutsche Akademie Villa Massimo, Rome, 1995.
5. *alias mandelstam*, with music by Friedrich Schenker, first performed SWF, DLR, 1996.
6. *Klistier*, first performed Nationaltheater Mannheim, 1997.
7. *Hitzequitte*, with music by André Werner, first performed Ludwigslust, 1997.
8. *Hohe Bauten*, Johannes-R.-Becher-Programm, first performed Berlin, 1998.
9. *Hyänen*, first performed Theater Ingolstadt, 1999.
10. *Müllers Kuh Müllers Kinder*, first performed Theater Greifswald, 2000.
11. *Atzenköfels Töchter*, first performed Theater Ingolstadt, 2001.

1.h Television and film scripts
1. *Leb wohl, Joseph*, directed by Andreas Kleinert, first broadcast Berlin, 1989.
2. *Der Kontrolleur*, directed by Stefan Trampe, first broadcast Berlin, 1995.
3. *Ich liebe, mein Gott, ich liebe*, directed by Ullrich Kasten, first broadcast Berlin, 1999.

1.i Radio plays
1. *Anspann*, directed by Achim Scholz, first broadcast 1985.
2. *Die lange lange Straße*, directed by Achim Scholz, first broadcast 1987.
3. *Max and Moritz*, directed by Barbara Plensat, first broadcast 1988.
4. *Teufel and Soldat*, directed by Gerda Zschiedrisch, first broadcast 1991.
5. *Marie und Marie*, directed by Karlheinz Liefers, first broadcast 1991.
6. *Der Spielmannszug*, directed by Barbara Plensat, first broadcast 1991.
7. *Die Gespenster der Lavant*, directed by Kerstin Hensel, first broadcast 1992.
8. *Der Fensterputzer*, directed by Barbara Plensat, first broadcast 1995.
9. *Menschen verstehen*, directed by Deutschlandradio, first broadcast 2001.

1.j Interviews and portraits
1. Trauth, Volker, '"Indem ich schreibe, suche ich eine Antwort": Gespräch mit Kerstin Hensel', *Theater der Zeit*, 9 (1988), 59–60.
2. Deiritz, Karl and Rolf Stefaniak, '"Ich teste meine Grenzen aus". Gespräch mit Kerstin Hensel', *Deutsche Volkszeitung*, 3 November 1989.
3. Néy, Karin, '"Letzlich will ich nichts als Aufklärer sein." Ein Gespräch mit Kerstin Hensel', *Temperamente*, 3 (1989), 3–7.

4. Hartinger, Walfried and Christel and Peter Geist, 'Eine eigene Sprache finden. Im Gespräch mit den Lyrikern Thomas Böhme, Kurt Drawert, Kerstin Hensel, Dieter Kerschek, Bert Papenfuß-Gorek und Kathrin Schmidt', *Weimarer Beiträge*, 36, 4 (1990), 580–616.

5. Hammer, Klaus, 'Gespräch mit Kerstin Hensel', *Weimarer Beiträge*, 37, 1 (1991), 93–110.

6. Jenny-Ebeling, Charitas, '"In keiner Zeit wird man zu spät geboren." Leonce-und-Lena Preis an Kerstin Hensel', *Neue Zürcher Zeitung*, 29 March 1991.

7. Jakobs, Karl Heinz, '"Mein Thema ist die Dummheit": Gespräch mit Kerstin Hensel', *Neues Deutschland*, 22 January 1993.

8. Ebel, Sabine, 'Die Schriftstellerin Kerstin Hensel: Für die Lyrik den Musenkuß, für die Prosa das Sitzfleisch', *Berliner Zeitung*, 13 April 1993.

9. Dahlke, Birgit, 'Gespräch mit Kerstin Hensel', *Deutsche Bücher*, 2 (1993), 81–99.

10. Richter, Ronald, 'Überall ist Grimma: Gespräch mit Kerstin Hensel', *Theater der Zeit*, 51, 4 (1996), 86–7.

11. Interview in Robert von Hallberg (ed.), *Literary Intellectuals and the Dissolution of the State: Professionalism and Conformity in the GDR*, trans. Kenneth J. Northcott (Chicago & London, University of Chicago Press, 1996), 208–12.

12. Passow, Anne, 'Schreiben als Antwort', *Theater der Zeit* [*Deutschsprachige Dramatik der 90er Jahre: Stück Werk*], (Berlin: Internationales Theaterinstitut, 1997), 51–4.

13. Liersch, Werner, 'Lust auf Ordnung, Viele Welten im Kopf: Die Schriftstellerin Kerstin Hensel', *Berliner Morgenpost*, 8 August 1998.

14. Dahlke, Birgit, 'Der Langsame Blick, der gute Text: Gespräch mit Kerstin Hensel', *ndl*, 48, 4 (2000), 41–53.

1.k Reviews

1. 'Ein Stück Land im Lande', *Temperamente* 1 (1998); repr. in Eberhard Günther, Werner Liersch and Klaus Walther (eds.), *Kritik 88: Rezensionen zur DDR-Literatur* (Halle and Leipzig, Mitteldeutscher, 1989), 190–3.

2. 'Anna Lyse träumt auf. Ginka Steinwachs Originalfälschung G-L-Ü-C-K', *Freitag*, 24 July 1992.

3. 'Das große Fugato. Stefan Hermlin *Abendlicht*', in Karl Deiritz and Hannes Kraus (eds.), *Verrat an der Kunst? Rückblicke auf die DDR-Literatur*, (Berlin, Aufbau, 1993), 109–13.

4. 'Weiß der Teufel, was Glück ist: Über den Briefwechsel von Brigitte Reimann und Christa Wolf', *Freitag*, 9 April 1993.

5. 'Heile heile Welt. Helma Sanders-Brahms debütiert als Roman-Autorin: *Die Erfüllung der Wünsche*', *Freitag*, 24 March 1995.

6.· 'Der Duft von Bratwürsten: Kommt simpel von Simplicissimus? Ingo Schulzes ostdeutscher Roman', *Freitag*, 20 March 1998.

7. 'Tanten, Thälmann, Timurhilfe', *Freitag*, 12 June 1998.

8. 'Die Universale Hexe', *Freitag*, 2 October 1998.

9. 'Gedächtnisfälle: Gegenläuferinnen. Zu Ines Geipels Buch über gescheiterte Schrifstellerinnen aus der DDR: *Die Welt ist eine Schachtel'*, *Freitag*, 26 March 1999.

10. 'Dauerpubertät: How to ficken. Zu Sarah Khanes Pop-Roman *Go-go Girl'*, *Freitag*, 13 August 1999.

11. 'Abgezockt bis aufs Blut: Alkohol und Apokalypse. Zwei Bände des ungarischen Erzählers Sándor Tar', *Freitag*, 29 October 1999.

12. 'Im Stoff der Parzen: Kunstdeutsch aus Zorn und Angst. Zum Roman Fragment *Der Taumel* von Libuše Moníková, *Freitag*, 24 March 2000.

13. 'Nachts traten Rehe aus dem Wald: Laue Gluten. Zur "Jahrhundertwiederentdeckung" des Romans *Die Glut* von Sándor Márai', *Freitag*, 8 September 2000.

14. 'Es ist alles gesagt: Gottesfürchtiger Nihilist. Andrzej Szczypiorskis letzter Roman *Feuerspiele'*, in *Freitag*, 11 May 2001.

2. Secondary Literature

2.a General studies

1. Baume, Brita, '"Mein Thema war nie die DDR" (Hensel). Zur Literatur junger Autorinnen der DDR vor und nach 1989', in Helga Grubitzsch, Eva Kaufmann and Hannelore Scholz (eds.), *'Ich will meine Trauer nicht leugnen und nicht meine Hoffnung': Veränderungen kultureller Selbstwahrnehmungen von ostdeutschen und osteuropäischen Frauen nach 1989* (Bochum, D. Winckler, 1994), 57–69.

2. Brandt, Marion, 'Turnvater Unser: Zur Sportthematik in ausgewählten literarischen Texten', in Helga Grubitzsch, Eva Kaufmann and Hannelore Scholz (eds.), *'Ich will meine Trauer nicht leugnen und nicht meine Hoffnung', Veränderungen kultureller Selbstwahrnehmungen von ostdeutschen und osteuropäischen Frauen nach 1989* (Bochum, D. Winckler, 1994), 81–93.

3. Cosentino, Christine, '"Die Gegensätze Übergänge": ostdeutsche Autoren Anfang der neunziger Jahre', *Germanic Review*, 69 (1994), 146–55.

4. Costabile-Heming, Carol Anne, Rachel J. Halverson and Kristie A. Foell (eds.), *Textual Responses to German Unification* (Berlin, Walter de Gruyter, 2001).

5. Dahlke, Birgit, '"Im Brunnen vor dem Tore": Autorinnen in inoffiziellen Zeitschriften der DDR 1979–90', in Walter Delabar, Werner Jung and Ingrid Pergande (eds.), *Neue Generation – Neues*

Erzählen – Deutsche Prosa-Literatur der achtziger Jahre (Opladen, Westdeutscher, 1993), 177–93.

6. Dahlke, Birgit, *Papierboot* (Würzburg, Königshausen & Neumann, 1997).

7. Kormann, Julia, *Literatur und Wende: ostdeutsche Autorinnen und Autoren nach 1989* (Wiesbaden, DUV, 1999).

8. Kublitz-Kramer, Maria, 'Literatur von Frauen der neunziger Jahre', *Der Deutschunterricht*, 51, 4 (1999), 46–58.

9. Lange, Sigrid, 'Topographische Irritationen: Frauenliteratur nach dem Ende der DDR', *Colloquia Germanica*, 27 (1994), 255–73.

10. Lange, Sigrid, 'Perspektiven des Komischen im Drama. Beobachtungen zu einem unübersichtlichen Thema', in Volker Wehdeking (ed.), *Mentalitätswandel in der deutschen Literatur zur Einheit (1990–2000)* (Berlin, E. Schmidt, 2000), 81–95.

11. Leeder, Karen, *Breaking Boundaries: A New Generation of Poets in the GDR* (Clarendon Press, Oxford, 1996).

12. Liersch, Werner, 'Lust auf Ordnung: Viele Welten im Kopf: Die Schriftstellerin Kerstin Hensel', *Berliner Morgenpost*, 8 August 1998.

13. Linklater, Beth, *'Und immer zügelloser wird die Lust'*: *Constructions of Sexuality in East German Literatures* (Bern, Lang, 1998).

14. Marven, Lyn, 'Daß dies der Osten ist Was im Kopf nicht aufhört': Representations of the body and narrative strategies in the works of Herta Müller, Libuše Moníková and Kerstin Hensel', thesis submitted October 2001, University of Oxford.

15. Meyer-Gosau, Frauke, 'Aus den Wahnwelten der Normalität: Über Brigitte Kronauer, Elfriede Jelinek und Kerstin Hensel', in Heinz Ludwig Arnold (ed.), *Vom gegenwärtigen Zustand der deutschen Literatur* (Munich, text + kritik, 1992), 26–37.

16. Owen, Ruth J., *The Poet's Role: Lyric Responses to German Unification by Poets from the GDR* (Amsterdam, New York, Rodopi, 2001).

17. Püschel, Ursula, 'Ohne eine Spur Angst oder Hoffnung', *ndl*, 8 (1993), 129–34.

18. Walser, Angelika, *Schuld und Schuldbewältigung in der Wendeliteratur: ein Dialogversuch zwischen Theologie und Literatur* (Mainz, Matthias-Grünewald, 2000).

2.b Individual Texts

On *Stilleben mit Zukunft*
1. Heukenkamp, Marianne, and Ursula Heukenkamp, 'Fragen zwischen den Generationen. Kerstin Hensel: *Stilleben mit Zukunft*', *ndl*, 6 (1985), 132–6.

2. Wieke, Thomas, 'Selbstlose Liebe. Kerstin Hensels Gedichtband', *Sonntag*, 28 May 1989.

On *Ausflugszeit*

3. Reichel, Peter, *Zur Dramatik der jungen Autoregeneration* (Berlin, Verband der Theaterschaffenden der Deutschen Demokratischen Republik, 1988), 45–8.

On *Hallimasch*

4. Anonymous, 'Der Pickel des Führers', *Der Spiegel*, 49, 4 December 1989.
5. Berger, Christel, 'Gerüche und Gelüste. Kerstin Hensel: *Hallimasch*', *ndl*, 5 (1990), 154–6.
6. Brandt Sabine, 'Zehn Schritte vor der Freiheit. Eine DDR-Autorin auf der Schwelle: Kerstin Hensels Erzählungen', *Frankfurter Allgemeine Zeitung*, 13 January 1990.
7. Schmidt, Claudia, 'Grenzüberschreitung', *Unsere Zeit*, 28 December 1989.
8. Franke, Konrad, 'Prosa probieren. Das Erzählerische Debüt der Lyrikerin Kerstin Hensel', *Süddeutsche Zeitung*, 14 November 1989.
9. Jäger-Hülsmann, Friedrich, 'Lust am Dechiffrieren. Kerstin Hensels Erzählungsband *Hallimasch*', *Sonntag*, 25 February 1990.
10. Keune, Angelika, 'Die Empfindsamen, die nicht in Konventionen passen', *Neues Deutschland*, 7–8 April 1990.

On *Schlaraffenzucht*

11. Döhring, Frauke, 'Frischluft aus Ostwestberlin', *Allgemeines Sonntagsblatt*, 15 February 1991.
12. Krättli, Anton, '"Ich habe mein Land verloren". Beobachtungen an deutschen Gedichten 1990', *Schweizer Monatshefte*, November 1990, 953–8.
13. Madea, Andrzej, 'Das ES gegen das ICH: Neue Texte von Kerstin Hensel und Gabriele Kachold', *Freitag*, 21 December 1990.

On *Auditorium panopticum*

14. Berger, Christel, '*Auditorium panopticum*. Erster Roman von Kerstin Hensel', *Berliner Zeitung*, 5 February 1992.
15. Lehmann, Horst, 'Absurditäten unseres Lebens', *Neues Deutschland*, 2–3 November 1991.
16. Salzwedel, Johannes, 'Ein Leben für den Grottenolm. Kerstin Hensel zeigt sich sehr weltläufig', *Frankfurter Allgemeine Zeitung*, 22 November 1991.
17. Schnauß, Christoph, 'Keine schiefe Behaglichkeit. Hinterhaltig optimistisch: Kerstin Hensels Panoptikum', *Neue Zeit*, 9 October 1991.
18. Vogel, Ursula, 'Polyphoner Sirenengesang', *ndl*, 6 (1992), 130–2.

On *Gewitterfront*

19. Lehmann, Horst, 'Von Einsicht gegeißelt', *Neues Deutschland*, 5–6 October 1991.
20. Leistenschneider, Peter, 'Spiegelfrau und Rapunzel. Gedichte von Kerstin Hensel und Barbara Köhler', *Freitag*, 13 September 1991.

On *Im Schlauch* and *Angestaut*

21. Dahlke, Birgit, 'Bohnen und Bonbons, DDR-Literatur nach dem Ende der DDR: Eine Erzählung von Kerstin Hensel', *Freitag*, 18 June 1993.
22. Franke, Konrad, 'Stoff aus Stinopel', *Süddeutsche Zeitung*, 30 April–2 May 1993.
23. Freier, Friederike, 'Schrebergärten Ost, Schrebergärten West. Neue Heimatkunde in Büchern von Monika Maron und Kerstin Hensel', *die Tageszeitung*, 31 July 1993.
24. Meyer-Gosau, Frauke, 'Menschentümlich, Kerstin Hensel: *Im Schlauch* und *Angestaut* – nichts, was hier nicht kaput ist', *Die Zeit*, 4 June 1993.
25. Püschel, Ursula, '… ohne eine Spur Angst oder Hoffnung – ? Kerstin Hensel: *Im Schlauch*', *ndl*, 8 (1993), 129–34.

On *Tanz am Kanal*

26. Berger, Jürgen, 'Von der Euter- zur Tellerwäscherin', *die Tageszeitung*, 19 October 1994.
27. Ecker, Hans-Peter, 'Kerstin Hensel: *Tanz am Kanal*. Erzählung', *Passauer Pegasus. Zeitschrift für Literatur*, 12 (1994), 151.
28. Franke, Konrad, 'Eine Autorin als Opfer ihres Rollenspiels', *Süddeutsche Zeitung*, 14 December 1994.
29. Hanssmann, Margarete, 'Hoffnungsvoll ohne Hoffnung. Kerstin Hensels Erzählung *Tanz am Kanal*', *Freitag*, 25 November 1994.
30. Hinck, Walter, 'Simplizissima unter der Brücke: Kerstin Hensels Schelmenerzählung *Tanz am Kanal*', *Frankfurter Allgemeine Zeitung*, 2 November 1994.
31. Kaufmann, Eva, 'Violine Statt Dackel', *ndl*, 1 (1995), 176–9.
32. Kraft, Thomas, 'Die adlige Pennerin. Ein Kampf um Freiraum. Kerstin Hensels fesselnde Erzählung', *Der Tagesspiegel*, 23 October 1994.
33. Laabs, Joochen, 'Ziellauf der Wörter', *Neues Deutschland*, 5 October 1994.
34. Langner, Beatrix, 'Die Büßerin von Leibnitz', *Berliner Zeitung*, 4 October 1994.
35. Leonhardt, Rudolf Walter, 'Wo man "nüsch" sagt', *Die Zeit*, 7 October 1994.
36. Malisius, Ingrid Lunde, *Das literarische Übersetzen in Theorie und Praxis am Beispiel von Kerstin Hensels 'Tanz am Kanal'* (Oslo, Germanistisches Institut, 2001).
37. Moser, Samuel, 'Unter falschem Namen', *Neue Zürcher Zeitung*, 6–7 May 1995.

38. Nottscheid, Mirko, 'Keiner weiss mehr meinen Namen. Lesarten zu Kerstin Hensels Buch *Tanz am Kanal'*, in Konstanze Goerres-Ohde and Andreas Stuhlmann (eds.), *Reflexionen in Texten – Bilder vom Menschen: Für Horst Ohde* (Hamburg, Lit, 1997), 94–5.

39. Stuber, Manfred, 'Vom sozalistischen Umgang mit den Wunden', *Mittelbayerische Zeitung*, 11–12 March 1995.

40. Thuswaldner, Anton, 'Selbstverstümmelung', *Salzburger Nachrichten*, 22 February 1995.

41. Von Bormann, Alexander, 'Gestaute Zeit, gebremstes Leben. Kerstin Hensels sarkastische Erzählung *Tanz am Kanal'*, *Frankfurter Rundschau*, 1 October 1994.

42. Wolters, Dierk, 'Am Kanal. Kerstin Hensels Heldin schreibt ihre Geschichte auf Packpapier', *Wochenpost*, 24 November 1994.

On *Freistoß*

43. Jan Koneffke, 'Stunt-Ort-Dichtung. Kerstin Hensel's *Freistoß'*, *Freitag*, 5 April 1996.

On *Klistier*

44. Auch, Joachim, 'Operation mißlungen, Autorin wohlauf. Der Dichterin Kerstin Hensels von der Stasi gerettete phantastische Groteske *Klistier* in Mannheim ureingeführt', *Die Welt*, 10 October 1997.

45. Franke, Eckhard, 'Blick auf Blutkörperchen und Zellkerne. *Klistier* von Kerstin Hensel', *Der Tagesspiegel*, 13 October 1997.

46. Franke, Eckhard, 'Hoffnungsträger Zwiebelmesser. Eckhard Franke über zwei Ur-Ereignisse in Mannheim: Kerstin Hensels *Klistier* und Barbara Freys *Geheimnis des Lebens'*, *Theater heute*, 11 (1997), 30–1.

47. Halter, Martin, 'Letzter Ausgang. Kerstin Hensel's *Klistier* in Mannheim uraufgeführt', *Frankfurter Allgemeine Zeitung*, 9 October 1997.

48. Schmitz, Helmut, 'Dem Leben ein Klistier. Stücke von Barbara Frey und Kerstin Hensel uraufgeführt', *Frankfurter Rundschau*, 14 October 1997.

On *Neunerlei*

49. Franke, Konrad, 'Verwirrungen. Kerstin Hensel serviert *Neunerlei* in fünfzehn Portionen', *Süddeutsche Zeitung*, 5 June 1997.

50. Hillgruber, Katrin, 'Ein Prosit auf die komischen Käuze in der Provinz', *Der Tagesspiegel*, 19 March 1997.

51. Meyer-Gosau, Frauke, 'Mordlust überall, umstürzende Strassenbahnen, gekippte Perspektiven. Neue Erzählungen von Kerstin Hensel', *Freitag*, 21 March 1997.

52. Nentwich, Andreas, 'Stille Sonderlinge. Im Kosmos der Einfalt: neue Erzählungen von Kerstin Hensel', *Frankfurter Rundschau*, Pfingsten 1997.

53. Ortheil, Hans-Josef, 'Kerstin Hensels Erzählungen *Neunerlei*', *Neue Zürcher Zeitung*, 18 June 1997.
54. Siebeneicher, Stefan, 'Atemstöße und Lebenläufe: Sieben Rezensogramme', *ndl*, 4 (1997), 142–5.
55. Staudacher, Cornelia, 'Makabres aus der Heimat. *Neunerlei* – Kerstin Hensels neue Schauergeschichten', *Stuttgarter Zeitung*, 23 May 1997.
56. Strassheim, Isabel, 'Zugfahrt mit wild gewordenen Kühen', *Das Sonntagsblatt*, 1 August 1997.

On *Hyänen*

57. Anonymous, 'Comic des Lebens. Kerstin Hensels "Hyänen": Großstadtversuch in der Provinz', *Süddeutsche Zeitung*, 5 October 1999.
58. Müller-Härlin, Wolfgang, 'Frauen-Action ohne Freiheit: Kerstin Hensels Stück "Hyänen"', *Die Welt*, 9 October 1999.

On *Gipshut*

59. Baureithel, Ulrike, 'Risse im Beton: Kerstin Hensel gräbt nach den Überresten der DDR', *Der Tagesspiegel*, 13 October 1999.
60. Dahlke, Birgit, 'Traumtanz mit Klumpfüßen', *ndl* 48, 1 (2000), 180–2.
61. Döbler, Katharina, 'Ein Deutscher namens Hans', *Neue Zürcher Zeitung*, 23 November 1999.
62. Franke, Konrad, 'Weh dem, der am Gipshut bohrt. Kerstin Hensels DDR-Märchen', *Süddeutsche Zeitung*, 8–9 January 2000.
63. Loetscher, Christine, 'Gips und Aspirin', *Tages Anzeiger*, 23 December 1999.
64. Maidt-Zinke, Kristina, 'Mit Dachschaden. Kerstin Hensel lüpft den Gipshut', *Frankfurter Allgemeine Zeitung*, 12 February 2000.
65. Schmidt, Kathrin, 'Frühkindliche Infektion mit Gedrucktem: Ein konservatives Stück Text. Kerstin Hensels neuer Roman *Gipshut*', *Freitag*, 8 October 1999.
66. Schwenger, Hannes, 'Hensels Symbole purzeln', *Die Welt*, 24 December 1999.
67. Schweizer, Michael, 'In Brandenburg, auf dem Vulkan. Kerstin Hensel denkt sich einen neuen Stechlin aus', *Berliner Zeitung*, 5–6 February 2000.

Index